名院名医
孕产育儿
全程指导方案

280天完美胎教

王山米 主编
北京大学人民医院妇产科主任医师
国家级“爱婴医院”评估员
北京市产前诊断技术专家委员会委员

CNS PUBLISHING & MEDIA 中南出版传媒
湖南科学技术出版社

图书在版编目（CIP）数据

280天完美胎教 / 王山米主编. — 长沙 : 湖南科学技术出版社，2019.1

（名院名医孕产育儿全程指导方案）

ISBN 978-7-5357-9727-8

Ⅰ. ①2… Ⅱ. ①王… Ⅲ. ①胎教－基本知识 Ⅳ. ①G610.8

中国版本图书馆 CIP 数据核字(2018)第 041347 号

MINGYUANMINGYI YUNCHAN YUER QUANCHENG ZHIDAO FANGAN
280 TIAN WANMEI TAIJIAO
名院名医孕产育儿全程指导方案
280 天完美胎教

主　　编：王山米
责任编辑：何　苗
出版发行：湖南科学技术出版社
社　　址：长沙市湘雅路 276 号
网　　址：http://www.hnstp.com
湖南科学技术出版社天猫旗舰店网址：
　　　　　http://hnkjcbs.tmall.com
邮购联系：本社直销科 0731-84375808
印　　刷：湖南天闻新华印务有限公司
　　　　　（印装质量问题请直接与本厂联系）
厂　　址：湖南长沙望城雷锋大道银星路8号湖南出版科技园
邮　　编：410219
版　　次：2019 年 1 月第 1 版
印　　次：2019 年 1 月第 1 次印刷
开　　本：710mm×1000mm　1/16
印　　张：13
书　　号：ISBN 978-7-5357-9727-8
定　　价：49.80 元

前言 PREFACE

孕育生命是一个神奇而美妙的过程。第一次当妈妈，在感到幸福的同时，你是不是也在困惑如何才能让宝宝更健康、更聪明?

著名的科学家巴甫洛夫说过：“婴儿出生后再进行教育就已经晚了三天。”由此可见胎教的重要性。

科学研究表明，胎宝宝具有令人吃惊的听觉、记忆和理解能力，孕妈妈可以通过有意识的“胎宝宝宫内学习”措施，开发胎宝宝的潜能，使胎宝宝出生后具有高水平的智力和良好的个性。

已经有越来越多的人认识到了胎教的重要性。在胎教方面，虽然孕妈妈起着决定性的作用，但是准爸爸及周围亲人对胎宝宝的影响也不容忽视。平时要多关心照顾孕妈妈，学习胎教内容和方法，协助孕妈妈进行胎教，共同努力为宝宝出生后的再教育奠定一个良好的基础。

本书针对孕妈妈、胎宝宝不同时期的变化和需求，提供诗歌、散文、故事、音乐、美术作品、动手动脑小游戏等丰富多样的胎教素材，翻开书即可轻松使用；书中还介绍了运动胎教及营养胎教，帮助孕妈妈缓解孕期不适，补充所需营养，让胎宝宝更加健康强壮。

最贴心的专业呵护，全方位的专家指导，伴随孕妈妈和胎宝宝共同度过完美的280天。

目录
CONTENTS

孕早期 1~12周 胎教现在开始 妈妈宝宝更亲密

孕中期 13~28周 胎教黄金时期 让宝宝全面发展

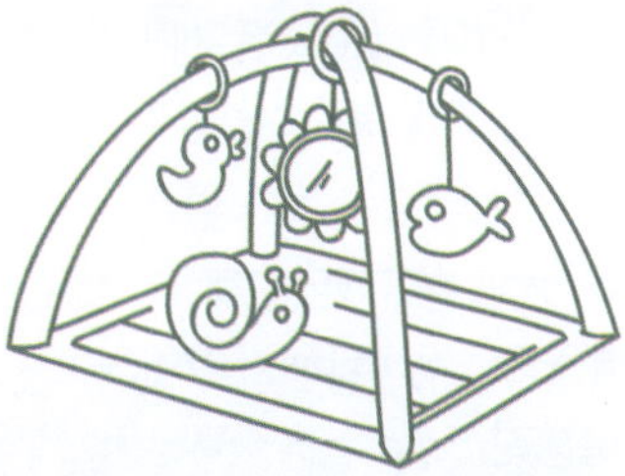

孕6月

妈妈能感觉到我在动了

孕7月

在“小房子”里感受外面的世界

孕晚期 29~40周　更多亲子互动 与早教完美衔接

孕8月

我的小窝儿变小了

孕9月

变得红润可爱了

孕10月

小天使如约而至

孕早期

1~12周

胎教现在开始
妈妈宝宝更亲密

孕早期胎教重心

孕早期是胎宝宝神经系统的快速发育期，各个主要器官的雏形也在这个阶段形成。在这个阶段，孕妈妈最应该关注的就是自己的营养和情绪，同时可以通过胎教让宝宝初步了解外面的世界。

情绪胎教

这个阶段孕妈妈情绪波动最为严重，但无论如何都要让自己保持平静和愉快的心情。孕妈妈可以重拾以前的爱好，也可以培养新的爱好，读一读优美的诗歌、散文等。重要的是保持家庭和睦，夫妻不和，伤心生气，对宝宝的伤害是最大的。

营养胎教

由于早孕反应，多数孕妈妈在这段时间吃不下什么东西，这也是准爸爸该表示爱心、展现创意的时候。多学几招缓解孕妈妈不适的方法，亲自为孕妈妈烧几道菜，这种爱本身就是减少早孕反应最好的良药。

学习胎教

科学证实，胎宝宝是有学习能力的，从一开始胎宝宝就具有记忆能力，对孕妈妈的感知觉也有明显的反应。孕妈妈通过欣赏名画、音乐等，不但可以让自己精神愉悦，还能够将欣赏到的美妙事物通过意念传递给胎宝宝，从而在宝宝大脑中形成最初的印象。

孕早期胎宝宝器官发育一览表

发育情况	时间
脑神经管的闭合	第17～40天
眼泡形成	第17～37天
上肢芽出现	第20～43天
下肢芽出现	第21～50天
心室中膈形成	第29～54天
口唇形成	第29～58天
肛门形成	第37～58天
腭的闭合	第40～100天
内脏及外表的雏形出现	第80～105天

孕早期每天生活计划表

时间		安排
早	6～7点	起床，并向胎宝宝问声好
	7～8点	吃早饭，感受着腹中的小生命，体会下即将为人母的心情。早孕反应即将来临，孕妈妈可要做好准备
	8～10点	**在职孕妈妈** 备孕时，就要考虑怀孕后是否继续工作，如果坚守在工作岗位上的，就要继续保持充沛的精力投入工作中
		居家孕妈妈 不要再穿高跟鞋，尽量选择宽松的衣物和平底鞋
	10点	加餐，香蕉、核桃或开心果等
	10～12点	**在职孕妈妈** 努力工作，不要因怀孕而有所懈怠
		居家孕妈妈 抽点时间来学习、充电
午	12～13点	**在职孕妈妈** 开始进餐，自己带工作餐更健康，在外就餐尽量选择卫生、少油的饭店。饭后吃点水果，如4~5个草莓或樱桃
		居家孕妈妈 在家按照喜好来进行饮食，但要避开螃蟹、薏米等易致流产的食物，可喝点补充雌激素的豆浆。饭后注意休息
	13～15点	**在职孕妈妈** 工作时，注意休息，不要登高，不要踮脚伸手够东西
		居家孕妈妈 可稍事休息1小时，再学习一点自己感兴趣的事情，如阅读孕产知识、弹古筝等
	15点	记得补充水分
		加餐 全麦面包、1杯酸奶等
	15～18点	**在职孕妈妈** 有效率的工作能让生活更轻松，按时下班，注意路上行车安全
		居家孕妈妈 将家里打扫干净，营造一个温馨的居家氛围
晚	18～19点	晚餐，七分饱，简单又健康的，吃饭不要太快，最好细嚼慢咽
	20～22点	跟准爸爸聊聊天，一家三口讲讲胎教故事
	22点	睡觉，保持高质量的熟睡状态

孕1月 天使舞动着翅膀飞来了

孕1周 迎接天使的到来

第1天

怀孕，妈妈宝宝心意相通

怀孕是多么奇妙的历程，一个身体中有了两个心跳，一根脐带连接了两个人的血脉。孕妈妈和胎宝宝每时每刻都在感受着彼此的情感，甚至呼吸。

妈妈宝宝血脉相通

中医学认为，怀孕后，母体与胎儿血脉相通，母亲的举动会影响到胎宝宝。现代医学证明，孕妈妈的情绪、饮食、思维的变化，会导致体内环境的变化，而在孕妈妈体内的胎宝宝，自然也会受到影响。

宝宝随时在复制妈妈的状态

大量调查资料表明，当孕妈妈处在恐惧、愤怒、烦躁、哀愁等消极情绪中时，身体各部分功能会发生明显变化，从而导致血液成分的改变。研究表明，孕妈妈情绪好时，体内可分泌出有益的激素、酶和乙酰胆碱，这些成分都有利于宝宝的正常生长发育；而情绪不佳时，则会产生肾上腺皮质激素，这些激素会随着血液循环进入胎儿体内，使胎儿产生与母亲一样的情绪。如果孕妈妈的情绪过于紧张，肾上腺皮质激素会大量分泌，然后通过胎盘影响胎儿大脑的正常发育，甚至导致胎儿畸形、早产。

温馨提示

如何计算280天?

- 从精子和卵子结合成受精卵到分娩，这个过程一般为266天左右，但整个孕程一般按40周或280天来计算，这是从末次月经的第一天开始算起的，因为妈妈都能够比较清楚地记得末次月经的时间，比较方便计算。实际上，前两周并没有怀孕。
- 在本书中，我们也是按这种算法，将末次月经的第1天作为孕期的第1天，4周为1个月，整个孕程为40周，共280天。

第2~3天

你知道吗，胎宝宝是个有思想的小人儿

科学证实，28～37周的胎儿大脑皮质已经具备了思考的能力，其神经组织与新生儿几乎没什么两样，说胎宝宝有思想一点都不过分。先来用高科技手段看一下胎宝宝在妈妈肚子里做些什么吧！

胎宝宝会笑

胎宝宝并不是在出生后才学会笑的，而是在出生前数周就学会了微笑。科学家认为这是一种情绪或生理反应，是胎儿出生后为适应外面世界所做的准备。由于刚出生的小婴儿置身于一个完全陌生的环境中，所以反而不会笑了。

胎宝宝会哭

多数胎宝宝在还没有出现在分娩室时，就已经在子宫里哭过了。他们的哭是多种多样的，有的是低声抽泣，有的是表情夸张的大哭。

胎宝宝会听

胎宝宝从4个月开始就能听见声音了，到6个月，就能分辨出妈妈的声音了，到了8个月，宝宝甚至能区分声音的高低强弱。

胎宝宝对不同的声音有不同的反应，他们最喜欢妈妈的说话声和小鸟的叫声，最讨厌大声吵闹的声音，听到这些声音，宝宝会用双手捂住耳朵。

胎宝宝会看

胎宝宝在第4个月对光线就有反应，到了第7个月就能分辨光线的强弱，到了第9个月就能看清东西了。如果用手电筒有节奏地照射孕妇的腹壁，胎宝宝不仅会睁开眼睛，还会把脸转向有光亮的地方。

胎宝宝喜欢做运动

一般从第9周开始，胎宝宝就在子宫内活动了，他会乐此不疲地动动胳膊和腿。

胎宝宝有记忆

胎宝宝会对外界的刺激和孕妈妈的情绪、感知觉有明显的反应，并且能够形成胎内记忆。很多人都有这样的经历，就是出生后的宝宝很熟悉孕妈妈怀孕时经常做的事情。

胎宝宝的这些初步的感知能力和学习能力便是现代胎教的基础，也提醒孕妈妈和准爸爸，千万别小看胎宝宝，爸爸妈妈的一举一动宝宝都是知道的，并会对宝宝产生深刻的影响。

第 4 ~ 5 天

胎教——平静、愉悦、不拘泥于形式

胎教是自由的，采取何种形式并不是最重要的，只要安全并且能够让孕妈妈平静、愉悦，能与胎宝宝产生情感和心灵上的沟通和互动，就是好的胎教。在本书中，我们提供了很多的胎教素材，孕妈妈可以按照自己的习惯和喜好，从中选择最愿意做的，并且可以发挥想象，用自己的方法与胎宝宝交流互动。

平静状态是胎教的好时机

孕妈妈在平静状态下进行胎教，效果是最好的，这时候孕妈妈与宝宝的互动和交流不受打扰。孕妈妈在平静状态下，而胎宝宝又是醒着的情况下，孕妈妈可以随时把自己看到的、听到的一切与宝宝分享，可以放一首喜欢的音乐，可以做一做手工，这些都是很好的胎教。

愉悦本身就是最好的胎教

愉悦的情绪，能够让人的血液中氧气充足，也有利于妈妈和宝宝保持平静、放松的状态。在这种情况下，胎宝宝更愿意接触外面的世界，也更具好奇心，并具有乐观、愉快的个性。

相反，孕妈妈经常处在紧张、忧伤等情绪当中，生出的宝宝也容易身体功能失调，躁动不安，易受惊吓。

随时关注胎宝宝

胎宝宝是一个有感知、有情绪的生命，渴望得到爸爸妈妈的关心。因此，准妈妈、准爸爸要让宝宝感受到你们在关注他。早上跟他打声招呼，晚上跟他道声晚安，一定要让他随时感受到你们的爱。

胎宝宝喜欢重复

跟刚出生的孩子一样，胎宝宝也很喜欢重复，所以，对你和宝宝都喜欢的东西，就不厌其烦地重复吧。在和宝宝聊天时，在听音乐、讲故事时，都尽量选择宝宝熟悉的内容，这样胎宝宝会更有兴趣。

第6~7天

了解胎教的几种类型

虽然上面刚说过胎教不拘泥于形式，但为了孕妈妈更好地了解各阶段的胎教内容，我们还是大致将胎教分为几种类型。

按照胎教的作用，我们将胎教分为“情绪胎教”“营养胎教”“感官胎教”“学习胎教”四种类型，这几种胎教不是截然分开的，往往是相互联系的。比如说，给胎宝宝朗读一首散文，能对宝宝的听觉器官产生良性刺激，是一种感官胎教；孕妈妈在念的过程中将散文所描写的内容映入脑海，通过意念传递给胎宝宝，这又是一种学习胎教；孕妈妈在朗读过程中保持平静和愉快的情绪，这对宝宝的情绪可以产生良性影响，这就是一种情绪胎教。也就是说，这几种胎教更像是胎教的不同层次，就看孕妈妈和准爸爸的用心程度了。

情绪胎教

情绪胎教是指孕妈妈用自己平静、愉悦的情绪去影响胎宝宝，使胎宝宝出生后也能保持这种良好情绪。所有能够让孕妈妈保持良好情绪的做法，都可算是情绪胎教，比如听音乐、读诗歌、看笑话、欣赏美景等。

营养胎教

营养对于各个阶段的胎宝宝来说都是至关重要的，会对宝宝身体和精神的健全产生重要影响。同时，营养对孕妈妈的身体和情绪也有很大影响，因此将孕妈妈营养作为胎教内容提出来。营养胎教更多地需要准爸爸参与，这样不但满足了胎宝宝的营养需要，还让妈妈更加开心，一举两得。

感官胎教

感官胎教是针对宝宝视觉、听觉、触觉、味觉、嗅觉这五感的强化，抚摸胎教、光照胎教、朗读胎教等都属于感官胎教。经过感官胎教的宝宝，出生后在这五感方面具有明显优势。

学习胎教

能够让宝宝提前认知外部世界的胎教就是学习胎教，比如美学胎教、语言胎教、闪光卡片、思维胎教、意念胎教等。在进行学习胎教过程中，一定要将所看、所听、所想的东西，贯注于意念当中，再传递给胎宝宝。

孕2周 精子和卵子的美丽邂逅

这一周，一个成熟的卵子已经形成，在等待故事的另外的主角—— 一个强壮而又幸运的精子的出现。现在，准爸爸和准妈妈要做的就是放松心态，调养精神，等待天时、地利、人和的那一刻。

第8天

学学我们古人的胎教法

胎教可不是现代才有的，我国古人就特别注重孕妇的道德性情修养，要求遵循一定的生活准则，避免各种不良刺激。

司马迁在《史记》中曾有记载："太任有妊，目不视恶色，耳不听淫声，口不出秽言，食不进异味。"这是说周文王的母亲太任在怀孕的时候，不看不好的东西，不听难听的声音，不说狂傲的话，不吃辛辣生冷等刺激性食物。这是我国记载的最早的关于胎教的内容。后来周文王治国贤明，所创丰功伟绩多少跟母亲的胎教有关系吧。

孟子的母亲也曾说道："吾怀妊是子，席不正不坐，割不正不食，胎之教也。"这些都说明古人对胎教的重视。

我国古代胎教思想大致体现为以下几方面内容。

调情志：孕妇宜性情愉悦，静心宁欲，心胸开阔，遇事乐观。
避风寒：孕妇应避免风寒侵袭。
节饮食：孕妇宜食用营养丰富而易于消化的饮食，切忌辛辣生冷食品。
远房事：孕期节制性生活，以免伤胎。
慎起居、调劳逸：孕妇宜起居有序、劳逸适度。
美环境、悦子身：要多处于美好的环境当中，多接触美好的艺术作品。
戒酒浆：酒能伤胎，戒酒为佳。
避毒药：孕期应少服不必要的药。
慎针剂：慎针灸穴位避免引起流产与早产。
安待产：临产时应安祥、镇静，莫慌恐，以免难产。

第9~10天

了解国外的胎教

中国的胎教思想自古就有，那国外的胎教又出现于何时呢？与中国一样，国外在很早以前就有胎教的思想了，甚至在《圣经》中也能看到胎教的影子。

俄罗斯人的胎教

俄罗斯人历来关注胎儿教育问题，他们的孕妇常唱优美的俄罗斯民歌给胎儿听，参加欢快活泼的民间音乐会、舞会，去艺术博物馆看名画，在家读精美的小说、散文，这使得不少俄罗斯孩子具有较高的艺术素质，无论在音乐、舞蹈、体操、绘画、文学等方面都表现出相当高的天赋。

英法等国的胎教研究

和中国古代胎教关注点不同，英法等国的胎教不以关注间接的胎教，即母亲自身的调理及修养为主，而是将关注的重点放在直接的胎教上，即通过对胎儿进行音乐、光照、抚摸、语言对话等刺激，促使胎儿身体和大脑功能更好地发展，从而提高孩子的智力水平和身体的综合素质。

美国的“子宫对话”

美国有几对夫妇怀孕时进行了“子宫对话”法试验，他们坚持每天在固定时间用充满爱意的语调对胎儿说话，结果证明，受过这样教育的胎儿出生后智力明显高于普通孩子，对语言的理解能力、语言的表达能力、自身情绪的调整能力都比普通孩子强。佛罗里达州有一对夫妇曾在孕期对自己的四个孩子分别进行了这样充满爱意的“子宫对话”，结果四个孩子全都智力出众，能力高于一般孩子，被学校的老师当成小天才。他们的体会是胎儿受到良性刺激越多越好，良性刺激越多胎儿的大脑会越发达。

第11~12天

吃助孕食物

到了孕妈妈的排卵期了，你们准备好了吗？下面的这些食物，有的可以增强精子的活力，有的能够健肾增力，有的能够提高性趣，都是助孕佳品，准爸爸和孕妈妈不妨选几种品尝一下。

名称	功效
核桃	含有蛋白质、维生素E、钙、磷、镁、锰、锌等营养物质，有健肾、补血、益胃、润肺等功能
红枣	含有丰富的维生素C，可以补血调经
鸡蛋	含蛋白质、脂肪、多种维生素、锌、钙、磷及铁等，是性生活后补充体力的最佳食物
大葱	大葱中所含物质可以保证人体激素正常的分泌，有滋阴补阳的功效。鸡蛋炒大葱这道菜被很多国家认为是最佳的助孕食物
泥鳅	具有养肾生精的功效，这是因泥鳅肉含有一种叫“河洛克蛋白质”的物质，有促进精子形成的作用
干果	比如葵花子、核桃仁、杏仁、花生、松子仁等，含有影响男性激素产生的物质，对增强性功能有益
大豆制品	大豆制品中的冻豆腐含有丰富的精氨酸，可有效提高性功能，消除疲劳
牡蛎	牡蛎中锌的含量是目前所知天然食物中最丰富的，是天然的补精良药
牛肉	中医认为，牛肉有补中益气、滋养脾胃、强健筋骨的功效。牛肉中锌的含量也非常丰富
香蕉	香蕉富含镁，镁可以增强精子的活力，从而提高男性的生育能力

第13~14天

怀孕的几个重要时刻

排卵期

排卵期是指每月女性的成熟卵子从卵巢排出的阶段。一般来说，正常生育年龄的女性的卵巢每月只排出一个卵子，排卵日期一般在下次月经来潮前的14天左右。卵子排出后可存活1～2天，1天之内的卵子质量最高；精子在女性生殖道里可保持受精能力2～3天。因此，在排卵前2～3天和排卵后1～2天同房，就有可能受孕。如果没有精子与卵子结合，卵子将在排出2天后逐渐退化，随下次月经一起被排出体外。

除了通过月经来潮日期判断排卵期外，也可以通过阴道黏液的变化来大致推测排卵期。在排卵期前1～2天，阴道会变得越来越湿润，分泌物增多，并且分泌物用指尖触摸可以拉出很长的丝来。

受精

男性一次约射出2亿个精子，射入女性体内的精子摆动着尾巴在输卵管中逆流而上，大约有100万个精子能够到达卵子所在的位置，但最终只有最强壮的精子才能与卵子结合。精子与卵子结合后，精子的尾巴消失，头部膨大，并形成了含有46条染色体的细胞——受精卵。

着床

受精卵形成后，一边发育一边向子宫腔内移动，经过3～4天到达子宫腔，在子宫内发育4～5天后，植入子宫内膜。着床以后，受精卵才能从母体中获得充足的营养物质，以满足胚胎发育成足月胎儿的需要。从这时起，宝宝有了安定的家，也开始了真正意义上的在子宫中的生长发育。

从排卵到受精

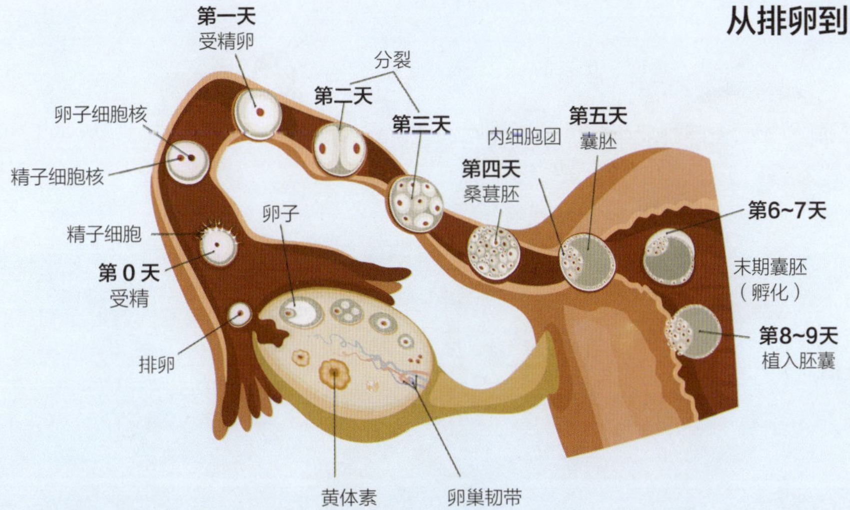

孕3周 一颗种子悄悄萌芽

宝宝的本领

幸运的话，一个强壮的精子将与卵子结合，胎宝宝现在以受精卵的形态存在。受精卵的直径只有0.15～0.2毫米，但是它的生命力很强，到分娩时，其大小会增长很多倍。这不得不让人惊叹生命的神奇，也不得不相信胎宝宝的成长智慧。

妈妈的变化

本周孕妈妈会经历排卵、受精过程，妈妈可能感觉不明显，但身体里实际发生了巨大的变化。在排卵前，有1/4的妈妈会感到下腹部疼痛，而比较确切的信号是阴道黏液的变化，在排卵期阴道黏液会变得稀薄，不那么有黏性。在排卵期，一个健康的卵子出现在输卵管，等待她的另一半——精子的到来。如果有精子与卵子结合成受精卵，那在这周，受精卵就会沿着输卵管向子宫移动，并在下周着床。

本周胎教要点

本周的胎教要点是“天时、地利、人和”，就是选择最好的时机，在合适的地点，在自己状态最好的时候同房。我们古人就非常重视受胎（就是为怀孕而同房），认为受胎的时间、地点、人的状态是影响胎宝宝未来的重要因素，甚至是决定性的因素，是胎教的重要开端。

天时 在排卵期同房，同房时不能是刮风、下雪、下雨等恶劣天气，时间可选择在晚上9～10点或早上7～8点。

地利 要处在干净、温度适宜、安静无干扰的环境中。

人和 夫妻关系愉快、和睦，处在身体的最佳状态，更容易达到性高潮，在性高潮时怀孕，生出的宝宝更加健康。

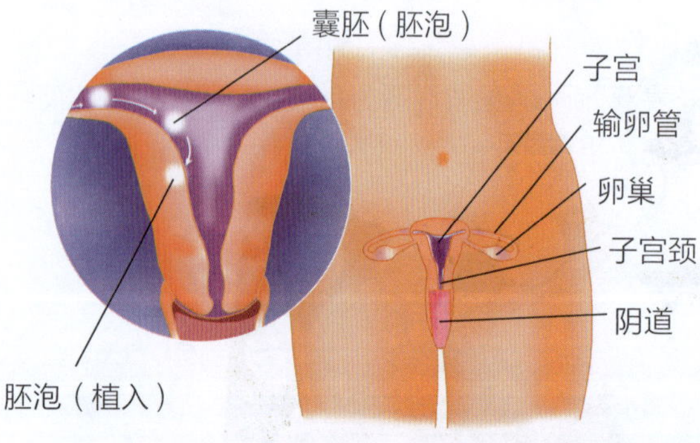

受精卵分裂成中空的胚泡，并来到子宫腔里着床

产科专家告诉你

同房的频率至少为隔天一次，以提高受孕概率。

同房前绝对不要饮酒，至少在想要宝宝的3～6个月，都不要喝酒。喝酒一方面会对生育能力产生影响，另一方面会大大增加畸胎的风险。

第15~17天

重要的一天，要精心准备

现在是怀宝宝的最佳时机，今天晚上就行动吧。不过，为了胎宝宝能有一个好的开始，未来的爸爸妈妈还是要准备一下的，在最好的氛围、最好的情绪中开始你们的爱。

下班早点回家

今天，未来的爸爸妈妈可要早点回家呀，不要太辛苦，下班的路上就把工作全部忘掉，如果可能的话，爸爸最好去单位接一下妈妈，一起回家。

准备一点惊喜

爸爸或者妈妈想着给对方准备个小礼物吧，如爸爸可以买束花，妈妈可以给爸爸买上他心仪已久的衣服。

共同做晚餐

不要让孕妈妈一个人在厨房里忙，准爸爸一定要来帮忙啊，做晚餐的时候，两个人说说话，准爸爸要对孕妈妈平日在厨房里的忙碌表示感谢。晚餐可以简单些，时间不要太久，还有就是不要做那些有异味的食物，比如洋葱、大蒜等，以免影响情绪。

以愉快的心情进餐

不要忘了互相夸奖一下对方的手艺，如果其中一方还不知道今晚的事情，就可以在吃晚餐时委婉地表达出来。

早点上床

晚上最佳的受孕时间是9～10点，所以今天双方早点上床，两个人在一起，放上一曲轻音乐，一边听一边进行感情交流。夫妻双方可以表达对对方的爱意，也可以共同回忆恋爱中的事，憧憬未来家庭和孩子的美好，当两个人都感到非常愉快幸福的时候再开始同房。

在同房的过程中，夫妻双方都要有好的意念，想象美好的事物，这时的准爸爸一定注意不能着急，要充分爱抚，要引导妻子和自己一起达到幸福的顶点。为了提高受孕概率，在同房之后，孕妈妈不要立刻起身，要平躺在床上30分钟，以防精液流出。

第18~19天

你将得到什么样的宝宝——遗传和变异

宝宝未来的身高——父母影响各占一半

在必要的营养条件下，孩子的身高有70%的主动权掌握在父母的手里，因为决定身高的因素35%来自父亲，35%来自母亲。当然，宝宝的身高还有30%取决于后天的营养和锻炼。如果父母的个子都不高，那就要特别重视这后天的30%。

比较有意思的是身高的遗传回归现象，就是说，当父母特别高时，宝宝就会向矮的方向回归；当父母都特别矮时，宝宝就向高的方向回归。这使得人类的后代不至于向两个极端的方向发展。

宝宝的智力——妈妈的影响更大

科学家指出，与智力有关的基因主要集中在X染色体上，女性有2个X染色体，而男性只有1个X染色体，所以说妈妈的智力在遗传中起到更为重要的作用。

宝宝的性格——爸爸的影响更大

相比较而言，在性格遗传方面，爸爸的影响力会大过妈妈。也就是说，孩子的性格更多的跟父亲的性格有关，尤其是父亲的性格对于女儿的影响更大。

性格的形成会受到先天的影响，但主要还是后天影响，遗传对于人性格的影响是比较有限的，自身的经历和周围的环境起着更为重要的作用。

宝宝的相貌——具体情况具体分析

眼睛大小 父母有一人是大眼睛，生大眼睛孩子的可能就会大一些。

单（双）眼皮 单眼皮与双眼皮的人，生出的宝宝极有可能是双眼皮。但父母都是单眼皮，一般孩子也是单眼皮。

睫毛 父母只要一人有长睫毛，孩子一般也会是长睫毛。

鼻子 父母中一人是挺直的鼻梁，遗传给孩子的可能性就很大。并且鼻子在成年之前一直处在变化当中，小时候是矮鼻子，长大后可能会变成高鼻子。

肤色 基本是父亲母亲肤色中和的结果。

胖瘦 父母的胖瘦会有40%～50%的概率遗传给下一代。

第 20 ~ 21 天

学习几种让你平静放松的瑜伽姿势

在进行胎教之前，要让自己平静放松下来，这样胎教才会更有效。可是很多孕妈妈都是第一次怀孕，多数会比较紧张焦虑。下面介绍几种简单的孕期瑜伽放松功，帮助孕妈妈快速地平静下来。

枕臂侧躺

侧躺（任意一边），曲臂枕于头下，另一手臂置于弯曲的大腿上，置于底下的大腿保持放松伸直的姿势，置于其上的大腿稍微弯曲。时间以舒服为度，做完一侧后再换另一侧。

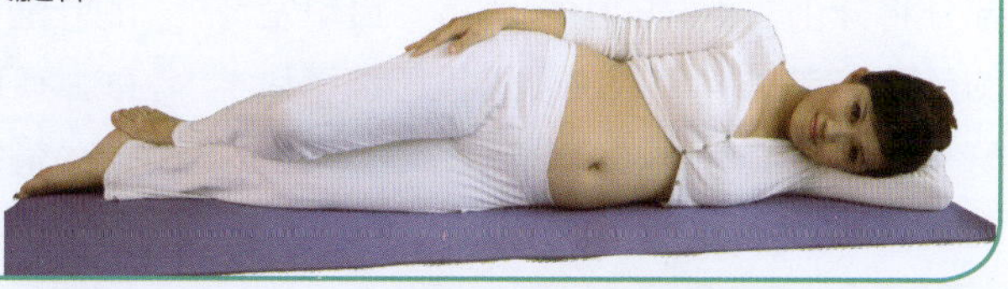

坐姿聆听

坐在瑜珈垫或床上、毯子上，双腿盘坐，手臂自然放松，双手手心朝上，放在大腿上，闭眼，颈部、脸部放松。聆听有节律的细微的声音，或听些轻柔的音乐，保持 10 分钟。

瑜伽呼吸

选择一个舒适的姿势盘坐在垫子上，两脚掌心相对。双手分别放在腹部和胸部上，脊背中正，双肩自然放松。双眼微闭，保持呼吸，让你的双手去感受你的呼吸，保持 3 ~ 5 次呼吸。

孕4周 生命的种子安全“着陆”

宝宝的本领

差不多在这周末，受精卵将会着床在妈妈的子宫内膜中，从此，胎宝宝有了一个家。在这个家里，胎宝宝更为安定，也能更多地从妈妈那里获取营养，为以后的快速发育打下坚实基础。

胎宝宝这周将长到0.5～1毫米长，还只是一个细胞团。在本周和未来的几周，组织细胞将快速分裂增长，细胞团的各个部分将分化成不同的组织器官。最早发育的是胎宝宝的神经系统，这也印证了科学家关于胎宝宝在很早就有意识的这一发现。

妈妈的变化

第4周了，你可能还没有什么感觉，而胚芽已经悄悄地在你的子宫里“着床”了！作为孕妈妈还没发现身体的变化吧？现在你的子宫内膜受到卵巢分泌的激素影响，变得肥厚松软而且富有营养，血管轻轻扩张，水分充足，为胚胎植入做好了准备。一旦胚胎植入，子宫就开始慢慢变大。

本周胎教要点

营养胎教 在这个阶段，因细胞的快速分裂需要大量带有父母遗传基因的脱氧核糖核酸，而脱氧核糖核酸的生成需要大量的叶酸参与，所以，孕妈妈要着重补充叶酸。可以服用叶酸片，多吃点绿叶菜。

情绪胎教 这周是胚胎着床的关键期，子宫内环境的优劣对于能否顺利着床至关重要。良好的情绪能够更好地分泌激素，优化子宫内环境；而不良情绪则影响激素的分泌，进而影响子宫内环境以及胚胎在子宫内的着床。因此，孕妈妈要保持平静的心态和稳定的情绪。

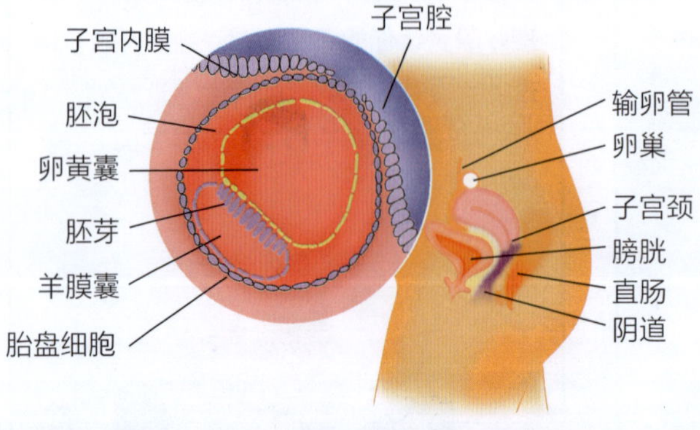

产科专家告诉你

叶酸的补充最好从孕前3～6个月就开始，特别是叶酸缺乏的女性，如等到怀孕后再服用，就起不到预防神经管畸形的作用了。

第22~23天

爱上读书吧

怀孕了，忙碌的时间慢慢减少，孕妈妈可以自己安排的时间多了。用读书将这段时间充实起来吧，为自己，也为宝宝。

妈妈爱读书，宝宝也爱读书

宝宝在妈妈肚子里就会养成和妈妈一样的习惯。如果怀孕的母亲既不思考也不学习，胎宝宝也会深受感染，变得懒惰起来；相反的，如果孕妈妈能够养成读书的习惯，那么宝宝将来也会爱学习，爱思考。

读书，让自己静心

养心莫如静心，静心不如读书。对于孕妈妈，静心尤其重要。经常读书，不仅可以增加知识，提高个人的综合素质，而且也有益健康。一本好书，能帮助人调节情绪，消除烦恼，放松心情。在怀孕的初期，孕妈妈很容易产生烦躁情绪，这时拿起一本好书，读上几页，很快就能让自己安静下来，进入书中的美好世界。

读书让胎宝宝更聪明

读书，可以激发孕妈妈丰富的想象，而孕妈妈的想象能够产生一种神经递质，这种神经递质通过血液循环进入胎盘而传递给胎宝宝，然后分布到胎宝宝的大脑及全身，并且给胎宝宝脑神经细胞的发育创造一个与母体相似的神经递质环境，有利于胎宝宝的神经发展。

读什么书

书的选择没有一定之规，能让人产生美好情绪、美好联想的书籍都可以，孕妈妈可以多看几种书，选择自己感觉最好的经常读，同时也要避免那些会对感官造成强烈刺激的书。

孕妈妈应该多读优美的散文、诗歌、童话故事，如冰心、朱自清、秦牧、徐志摩、泰戈尔等的诗文，也可以多读读《安徒生童话》《格林童话》《木偶奇遇记》《爱的教育》等。我国的古代诗词意境优美、情感美好，也是很好的选择。

怎么读

孕妈妈读书时，要全身心地进入书中的美好境界，只有这样，才能与宝宝产生共鸣。

另外，在孕期，孕妈妈的眼睛极易疲劳，要注意保护眼睛，适当休息，不要等眼睛不舒服了才停下来休息。

第24~25天

胎教故事：《快乐的小蜗牛》

乖宝宝，又在妈妈肚子里“大闹天宫”啦，看来你以后可是个调皮的小家伙。宝贝儿是不是想听故事啦？今晚，妈妈就给你讲个好玩的小蜗牛的故事吧。

快乐的小蜗牛

小蜗牛走路慢吞吞的，每次出去跟朋友们一起玩时，都会落在最后。不过，走得慢也有好处，小蜗牛每天都会捡到很多很多好东西。

小蜗牛就想：“该怎么处理这些东西呢？”想啊，想啊，终于想出了一个好办法。他把这些东西捡回家后全都洗干净，然后把它们挂在外面的小松树上。

每天，温暖的阳光照在小松树上，小松树就像圣诞树一样漂亮。小山羊从这里走过，一眼就从“圣诞树”上找到了自己丢失的蝴蝶结；小白兔从这里经过，一眼就看到了自己丢失的那颗红色的幸运星；小猫则找到自己丢失的纽扣；小鸡找到了丢失的带有香味的橡皮；小鸭子也找到了自己的那串玻璃项链……

啊，看到所有的东西都找到了主人，小蜗牛可高兴了！他还在“圣诞树”旁边放上了许多好吃的点心，大家路过这里感到饿时，就来吃一块。小伙伴们都觉得小蜗牛了不起，虽然走路慢吞吞的，可他为大家做了很多好事。

当然，能够帮助别人，小蜗牛自己也感到很开心！

宝宝，妈妈想对你说

小蜗牛虽然个子小，走路慢，可他却为小动物做了很多好事。而小蜗牛自己，也从帮助别人的过程中获得了快乐。宝宝，这个小故事告诉我们，依靠自己的力量帮助别人，是一件很让人快乐的事。

第26~28天

营养胎教：补叶酸的两道菜

这个阶段，孕妈妈需要补充叶酸。现在就为孕妈妈推荐两道既美味又能够补充叶酸的菜。

猪肉芦笋卷

原料 猪肉片300克，芦笋200克。

调料 料酒、姜、蒜末、盐、咖喱粉、黑胡椒粉各适量。

做法

1.用盐、料酒、姜、蒜末把猪肉片腌制10~15分钟。

2.芦笋洗净，去根去皮，切成长短适中的段。

3.用腌好的猪肉包住芦笋段。

4.把包好的卷撒上咖喱粉、盐和黑胡椒粉，放入烤箱中烤7分钟左右即可。

牛肉卷心菜

原料 卷心菜、牛肉各200克。

调料 香油、盐、花椒粉、姜片各适量。

做法

1.用保鲜膜把洗干净的卷心菜包起来，放在微波炉里加热两分钟后，拿出来切块备用。

2.将水放入锅中烧沸，再放入牛肉、姜片，等牛肉煮熟后捞出，凉后切片。

3.把卷心菜、牛肉片盛入盘中，拌入香油、盐、花椒粉即可。

我有心跳了

孕5周 和妈妈心心相印

宝宝的本领

这个阶段的胎宝宝也还只是一个胚胎，在本周，这个圆形的细胞团开始伸长，头尾可辨，样子就像一根小豆芽。胎宝宝的中枢神经系统开始发育，脑与脊髓开始形成，肝脏和肾脏开始发育，肌肉和骨骼也开始形成。最重要的是，胎宝宝在这周有了心跳，从此以后妈妈和宝宝就心心相印了。

妈妈的变化

每月按时光顾的月经没有来，你是什么心情呢？一定是欣喜激动吧。如果觉得去医院测试早孕麻烦的话，也可以买来早孕试纸在家里检查，只要使用方法正确，准确率也非常高。有些孕妈妈在这个时候会流少量的经血，属于正常现象，如果觉得不放心，就去医院诊断，不要胡乱猜疑而造成精神紧张。

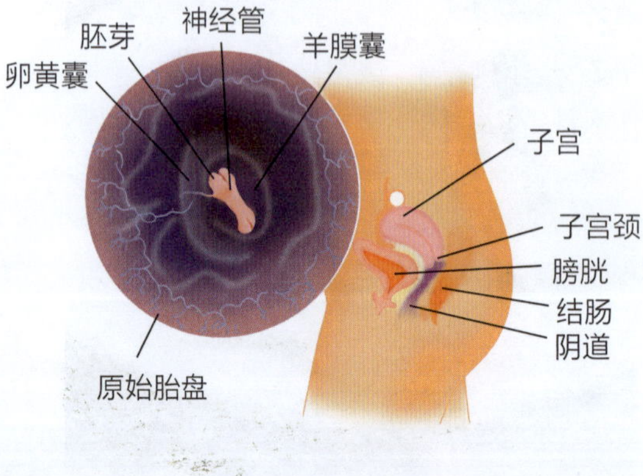

本周胎教要点

营养胎教 除了要继续补充叶酸之外，孕妈妈该为自己重新布置一下就餐环境以应对可能会出现的早孕反应，比如买把舒适的就餐椅，铺块漂亮的新桌布。好的环境能提高孕妈妈的食欲，改善孕妈妈的心情。

情绪胎教 这周是各器官分化生长的初期，也是各种致畸因素的活跃时期，尤其是神经系统的发育和心脏、血管的发育最容易受到影响的关键时刻。在各种影响因素中，情绪的影响是最为关键的。孕妈妈要控制自己的情绪，保持平静、愉快的心态，把你对宝宝的爱化作美好的感觉倾注给宝宝。读一首诗歌，念一段散文，找一处风景优美的地方坐一坐，和准爸爸一起散散步，都是很好的选择。

第29~30天

欣赏美，感受美，创造美

美，可以陶冶情操，让人心旷神怡。美，通过孕妈妈的意识传递给胎宝宝，可以让胎宝宝提前感知外部世界的美好，能让胎宝宝更好地成长。所以，孕妈妈要养成好的习惯，留意生活中的美，用心感受，并有意去创造美。

形象之美

美容、穿衣也是胎教，孕妈妈完全有必要精心打扮自己，这无论对自己还是对胎宝宝都有意义。只是在化妆的时候一定要注意，不要浓妆艳抹，那样对孕妈妈和胎宝宝都是不利的。

颜色明快、合适得体的装束，一头干净利索的头发，再加上面部恰到好处的淡妆，会使孕妈妈显得精神焕发，魅力十足，展现出孕妈妈特有的美。这样可以使胎宝宝在母体内受到美的感染，获得初步的审美能力。

环境之美

无论是居家环境还是工作环境，都要力求整洁、舒适、漂亮。孕妈妈每天生活在这样的环境中，自然心情愉悦。可以把家里重新布置一下，买几盆绿色植物（注意不要把绿色植物摆在卧室里），买缸金鱼，挂几幅漂亮的画等。

工作环境也非常重要，考虑改变一下吧。

艺术之美

音乐、绘画、雕塑、陶瓷、摄影、剪纸、年画、编织，这些艺术品是人类追求美的结晶；欣赏这些艺术品，用心去感受，往往会给你带来震撼和共鸣。

不光是欣赏，孕妈妈也可以自己创作艺术品，如画一幅画，或是做一个漂亮的手工等，只要能给你带来乐趣、带来美的享受，做什么都行。

自然之美

在大自然的美景当中，人往往是最舒服的。孕妈妈多到大自然中欣赏美景，可以促进胎宝宝大脑的发育，促进胎宝宝与大自然的交融。常呼吸大自然中的新鲜空气，对孕妈妈和胎宝宝的健康也很有好处。

温馨提示

- 我要如何欣赏美？其实只有一句话，“用心感受，将美印在你的心里”。一定要将你感受到的印在你的心中，这样你的宝宝才感受得到。

第31~32天

孕妈妈来玩七巧板

今天，孕妈妈开始玩七巧板了，七巧板有种让人欲罢不能的魔力哟！

七巧板是由七块形状不同的板组成的，而这七块板可以拼成很多图形（1600种以上）！拼出的图形除了比较规矩的三角形、平行四边形之外，还可以拼成各种人物、动物、桥、房子、塔等。

七巧板又被称为“智慧板”，孕妈妈在玩七巧板的过程中，能充分发挥大脑的思维能力和想象力，拼出各种图案，从而让宝宝正在成长中的大脑得到锻炼。

第33~35天

胎教故事：《小兔的蘑菇房》

宝宝，我们给你准备了小房间呢！快瞧，爸爸在墙上贴上了美丽的图画，还给你买了漂亮的小床，妈妈说你一定会喜欢的！现在给宝宝讲个小兔的蘑菇房的故事听。

在一座大森林中，住着五位小朋友，他们是小兔、小狗、小花猫、小鸭子和小松鼠。

有一天，小兔在一棵大树下发现一个蘑菇，就想把它采下来，转念又一想，还是等蘑菇长大一点再采吧！

几天后，小兔又来看蘑菇，发现蘑菇长得飞快，已经有一座房子那么大了。于是，小兔就决定把自己的家安在蘑菇里。她开始忙前忙后地凿房间、修房子。一连好几天，小伙伴们都找不到小兔。

直到一周后的早晨，小松鼠在家门口碰见了小兔。小松鼠急忙问："小兔，你这几天都去哪儿了？"小兔回答说："这几天啊，我正忙着为你们准备一个惊喜呢！"

说完，小兔便叫来其他小伙伴。大家都到齐后，小兔对他们说："我造了一个蘑菇房，就在森林里的一棵大树下，我带你们去看看吧！"

小伙伴们跟着小兔来到她的蘑菇房前，都惊呆了！小鸭子叫道："小兔，你的房间可真漂亮！"小花猫也叫着："小兔，晚上我能和你一起住吗？"小兔高兴地说："当然行啊！"

于是，大家一起动手，又在蘑菇房里开辟了四个小房间，分别给小花猫、小鸭子、小狗和小松鼠住。从此以后，几个好朋友就在蘑菇房里过起了幸福快乐的生活。

宝宝，妈妈想对你说

小兔和她的小伙伴们一起住在蘑菇房子里相亲相爱，好幸福啊！等宝宝出生后，也会有自己的小房子，还有爸爸妈妈陪着你，让你在你的小房子里快乐地成长，过着幸福的生活。

孕6周 有了胳膊和腿的小芽儿

宝宝的本领

在孕妈妈的子宫里，胚胎正在迅速地成长，已经拥有了脑，头部也开始形成，神经管开始连接大脑和脊髓。包括肾脏和肝脏在内的器官继续发育。宝宝原始的消化道及腹腔、胸腔、脊椎开始形成，胳膊和腿也有了小小的芽儿。现在宝宝拥有了自己的血液并在心脏的跳动下开始流动了。

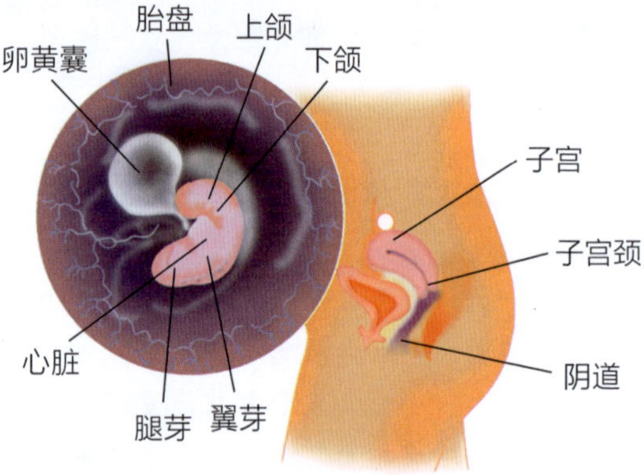

妈妈的变化

进入第6周时，孕妈妈身体已经开始发生变化，怀孕的症状也出现了。由于雌激素与孕激素的刺激作用，胸部感到胀痛、乳房增大变软、乳晕有小结节突出，会时常感到疲劳、犯困而且排尿频繁。多数孕妈妈在这周开始有恶心的感觉，偶尔会呕吐，但一般来说都不严重。这些令人心烦的症状都是正常的，大约在3个月之后你的恶心与孕吐就会结束。

本周胎教要点

营养胎教 由于恶心和呕吐，你可能吃不下什么东西，要选择清淡易消化的食物。除了叶酸，这阶段不需要特别补充营养，能吃多少就吃多少，不要担心营养问题。孕妈妈闻不了油烟味，并且厨房的污染比较严重。因此，从现在开始，把做饭的事交给准爸爸吧！

情绪胎教 因为孕吐，现在的孕妈妈心情可能会受到影响，总是有些焦虑和烦躁。除了从饮食上想办法缓解孕吐外，还要想办法分散注意力。把喜欢的书找出来读一读；把以前因为太忙而放下的手工捡起来做一做；也可以听听喜欢的音乐，换个心情；还可以把怀孕的消息告诉亲朋好友，让他们分享你的喜悦。

产科专家告诉你

为了克服晨吐症状，可以在床边准备一杯水、一片面包，或一小块水果、几粒花生米，早晨起来先吃一点，它们会帮你抑制强烈的恶心。

第36~37天

孕妈妈学数独

孕妈妈爱动脑筋，胎宝宝也会变得思维活跃。但并非要求孕妈妈解数学题、解化学方程式。很多游戏都可以锻炼头脑，比如猜谜游戏、填字游戏、魔方、数独游戏、做手工等，孕妈妈都可以尝试一下。接下来的几天，为孕妈妈介绍一下可能之前比较陌生的数独和魔方。

数独游戏

你可能不知道，数独的前身是中国的“九宫图”，“九宫图”在《洛书》和《易经》当中都有记载。现代的数独起源于瑞士，并经过了美国人和日本人的改进。数独风靡全世界，现在有很多专门的数独俱乐部、数独论坛，参加人数众多。很多研究者都认为数独是开发智力最好的方式之一，因此，建议孕妈妈可以来试一试。

数独怎么玩

1 数独游戏在9×9的方格内进行，这81个小方格被分为9个3×3的方格，被称为“区”。

2 在这些区中，有一些已经被填上了的数字，这些已经填好的数字可以被称为数独的“谜面”，需要填的是余下的空格。

3 每个空格只填1个数字。到最后要保证这9×9的方格中的每个区、每一列、每一行都是1～9这9个数字，不能重复，即保证每个数字在每一行、每一列和每个区中仅出现一次。

题目(参考答案见P59)

4	7		6	8		3		
8			4					1
	1		7			4	5	
3	8			2			4	
		2			6	8		
	9			7	4		3	6
	3	8			5		6	
9					7			3
		7		4	8		2	5

数独游戏答案（P59题目）

5	9	4	6	2	7	8	3	1
8	6	1	5	9	3	2	4	7
3	7	2	4	8	1	9	6	5
4	2	9	3	5	8	1	7	6
6	8	5	1	7	9	4	2	3
1	3	7	2	4	6	5	8	9
9	5	8	7	6	2	3	1	4
7	2	3	8	1	5	6	9	2
2	1	6	9	3	4	7	5	8

第38~40天

动手动脑玩魔方

今天我们再来讲讲可以作为胎教工具的魔方。这种神奇的六面体能够考验你的逻辑思维能力，挑战你的空间思维能力。对孕妈妈来说，最重要的是它可以活动手指，孕妈妈勤动手是对胎宝宝大脑最好的刺激。

魔方的发明

魔方是匈牙利的一位叫鲁比克的教授于1974年发明的，他当时在布达佩斯建筑学院担任建筑学和雕塑学教授。他发明研制魔方并不是为了娱乐或者赚钱，而是为了帮助他的学生认识空间立方体的组成、结构，以及锻炼学生的空间思维能力和记忆力。

最初，魔方由26个小正方体组成，正六面体，每面9个小正方块。要将这26块连接在一起并能随意转动着实让鲁比克教授费了一番脑筋。魔方制好后，教授转了几次，发现使颜色混乱的方块复原竟是个有趣而困难的问题。鲁比克决定大量生产这种魔方，并为它申请了专利。魔方问世不久就风靡世界，仅1年时间销售量就达上百万个。魔方在展示其魅力的同时，也给鲁比克教授带来了巨额财富。

魔方的玩法

使魔方的一面颜色复原是比较容易的，而使打乱的六个面颜色完全复原，则是需要很多的技巧。一般说来，中心积木只有一种颜色，棱上的积木有三种颜色，骨架上的中心积木是不能动的，所以中心积木的相对位置是确定不变的，角上棱上的积木的正确位置也是不变的。如红黄蓝色的角积木，正确位置就在红黄蓝中心积木对应面的角上，我们的任务就是将棱积木、角积木转到相应的位置上。玩魔方时，要先完成一面，再以此为基础调整其他面。

现在的魔方玩家还创造了很多新的玩法，比如单手拧、盲拧等，如果孕妈妈感兴趣，都可以试一下。

家庭魔方大赛

练得差不多了，就在准爸爸面前展示一下你的水平吧。一般来说，男性在玩魔方时会较有天赋。挑战一下准爸爸吧，把魔方打乱，看看谁用较短的时间将魔方复原，三局两胜，现在开始！

第41~42天

营养胎教：缓解孕吐的两道菜

这周，多数孕妈妈都会有早孕反应，有的会晨吐得比较厉害。推荐两道菜谱，帮助孕妈妈缓解早孕反应，补充营养。

西兰花烧双菇

原料 西兰花100克，白蘑菇5朵，香菇5朵，胡萝卜半根。

调料 盐、蚝油、白糖、水淀粉各适量。

做法

1.西兰花洗净掰成小朵；白蘑菇、香菇洗净，切成片；胡萝卜洗净，切成丁。

2.锅内放蚝油烧热后，再放入西兰花、白蘑菇、香菇翻炒，炒熟后放入盐、白糖调味。

3.出锅前，用水淀粉勾芡即可。

南瓜燕麦粥

原料 燕麦30克，大米50克，小南瓜1个。

调料 葱花、盐各适量。

做法

1.小南瓜洗净，削皮，去瓤，切小块；大米洗净，浸泡1小时。

2.将大米放入锅中，加水，大火煮沸后转小火煮20分钟；然后放入南瓜块，再煮10分钟；最后加入燕麦，用小火再煮10分钟。

3.出锅前加盐调味，再撒上葱花即可。

孕7周 脑垂体开始发育，我更聪明了

宝宝的本领

到本周末时，胎宝宝的大小就像一颗豆子，尾巴基本消失，已经初现人形，胎宝宝有一个特别大的头，在眼睛的位置会有两个黑黑的小点，而且鼻孔开始形成，腭部开始发育，耳朵部位明显突起。胎宝宝的手臂和腿开始变长，手指也从现在开始发育。这时心脏开始划分成心房和心室，而且每分钟的心跳可达150次，是成人心跳的2倍，脑垂体也开始发育。

妈妈的变化

妈妈的心跳会明显加快，新陈代谢率增加了约30%。早晨醒来后孕妈妈可能会感到难以名状的恶心，而且嘴里有一种说不清的难闻味道，这是怀孕初期大多数孕妈妈都会遇到的情况。相反，有的孕妈妈也可能常常有饥饿的感觉，而且饥不择食地吞咽各种食物。现在的孕妈妈经常会有莫名的情绪波动，这是体内激素作用的结果。

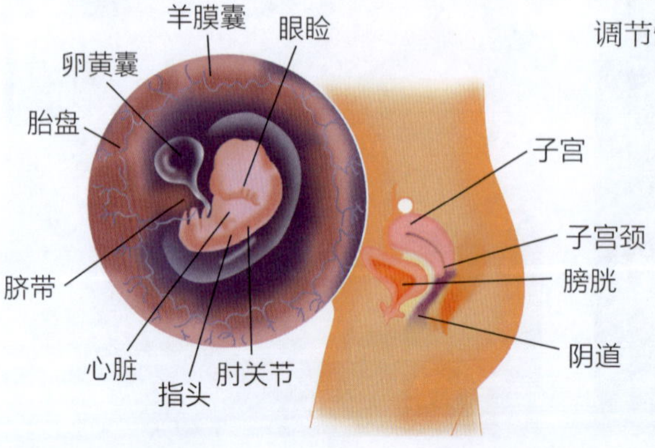

本周胎教要点

营养胎教 孕妈妈的孕吐在这周变得严重了，通过饮食缓解孕吐是这阶段的重点。可以吃一些缓解孕吐的食物，比如生姜、韭菜、花生、瓜子等。准爸爸要学做几样缓解孕吐的菜，经常换着给孕妈妈做，会收到很好的效果。换换就餐环境也是不错的办法，准爸爸孕妈妈可以偶尔出去吃一顿，当然，要找干净、环境好的餐馆，还要注意不要吃得太油。

情绪胎教 这个阶段，孕妈妈的情绪波动较大，但是这个阶段是胚胎腭部发育的重要时期，容易受到孕妈妈不良情绪的影响。除了前几周说的那些调节情绪的办法，还可以学做舒缓的运动，比如慢步舞、太极拳、瑜伽等。这些有氧运动不但能调节气血，舒经活络，还能舒缓精神，调节情绪。

产科专家告诉你

要注意补充叶酸，一直到第12周。香蕉中富含钾，在情绪不佳的时候可以试着吃点香蕉，对缓解焦虑的情绪有帮助。

第43~45天

学几个孕期瑜伽动作

瑜伽是调节心情的最好方式之一，孕妈妈学几个瑜伽动作，有空就练习一下，在身体得到保健的同时，心灵也得到了最好的放松。

孕早期的孕妈妈只宜练习呼吸静坐与温和的伸展，孕中期和孕晚期可以做一些体位，有些动作则需要避免。

下面给孕妈妈推荐两个比较温和的瑜伽动作，适合整个孕期练习。

树式动作

1 呈站姿，双腿分开与肩同宽，双臂自然放于身体两侧。

2 将重心放于左脚上，然后提起右脚，放于左大腿根部（或是膝盖处），呈单腿站立状，同时双手合十放于胸前。

平衡式

1 双腿分开呈下蹲状，双手放于膝盖上。

2 保持下蹲姿势，双手不动，然后抬起左脚向前迈一小步，右脚抬起脚后跟，注意身体重心的变化，以保持身体平衡。

3 保持上述姿势 2 ~ 3 秒后，收回左脚，恢复原状，然后换右脚做同样的动作。

4 交替重复上述动作 5 ~ 10 次即可。

第46~47天

古诗欣赏

今天我们来欣赏两位唐代诗人的作品，这两首诗虽然描写的事物不同，但是它们都有非常美的意境。

采莲曲

王昌龄

荷叶罗裙一色裁，芙蓉向脸两边开。
乱入池中看不见，闻歌始觉有人来。

这首诗描写了江南采莲少女欢快的劳动场景。采莲少女的绿罗裙与田间荷叶融为一体；少女的脸庞掩映在盛开的荷花间，相互映照。虽在莲池中，却不见她们的踪影，听到歌声，才感觉到她们的身影。

小池

杨万里

泉眼无声惜细流，树阴照水爱晴柔。
小荷才露尖尖角，早有蜻蜓立上头。

泉眼很爱惜地让泉水悄然流出，映在水上的树阴喜欢这晴天风光的柔和。鲜嫩的荷叶那尖尖的角刚露出水面，就已经有蜻蜓落在它的上头。这首诗展现了初夏的荷叶、泉水、蜻蜓等美丽景色，让人向往。

第48~49天

营养胎教：三道缓解孕吐的菜

即使闻到油烟味不像前几周那么恶心，孕妈妈也别再进厨房了，因为厨房是家里空气污染最严重的地方，而且还有很多危险的器具，一不小心就会磕到碰到。所以，做饭的事就交给准爸爸吧。准爸爸做饭水平不行没关系，可以跟着我们学，保证令妈妈宝宝都满意。

甜脆黄瓜

原料 黄瓜400克，香菜100克，熟花生米20克，青、红椒各20克。

调料 白醋、白糖、盐、蒜瓣、植物油各适量。

做法

1.将黄瓜洗净去蒂后，切成薄片，放些盐稍稍腌渍10分钟；青、红椒去籽切成细粒；香菜切成段。

2.将适量油放入锅中烧至四成热，放入黄瓜片快速翻炒几下，再调入蒜瓣、盐、白醋、白糖、香菜、熟花生米、青红椒粒后翻炒出锅。

银耳拌豆芽

原料 银耳50克，绿豆芽200克，青椒50克。

调料 香油、盐各适量。

做法

1.将绿豆芽去根洗净，沥去水分；银耳用水泡发、洗净；青椒洗净，切丝。

2.锅内加水烧开，放绿豆芽和青椒丝烫熟，捞出晾凉；再放入银耳烫熟，捞出过凉水，沥干。

3.将豆芽、青椒丝、银耳放入盘内，加入盐、香油，拌匀装盘即成。

油烧菜花

原料 菜花400克。

调料 蚝油、酱油、盐、香油、干淀粉、白糖、料酒、葱花、植物油各适量。

做法

1.将蚝油、酱油、料酒、盐、白糖、干淀粉放入碗内，调成芡汁备用。

2.菜花洗净，掰成小朵，随凉水下锅，加入盐，煮熟后捞出，沥干水分，薄薄地滚上一层干淀粉。

3.锅置火上，放入适量油，烧至七成热后，下菜花炸至呈金黄色，捞出控油。

4.锅内留些底油，将葱花略煸后，放入炸好的菜花，倒入芡汁，翻炒均匀，淋入香油即可。

孕8周 在羊水中活动着

宝宝的本领

现在的胎宝宝依然被称作“胚胎”，但他已经有了舌头和鼻孔，鼻尖也出现了，腭部融合成了嘴巴，眼睛和内耳也到了发育的关键期。各个内脏器官初具规模，心脏跳动开始正常。胎宝宝的骨头开始硬化，胳膊、腿变长且开始形成关节。

胎宝宝本周有了一项新技能——移动。这时我们的胎宝宝才不到3厘米长，但已经可以在羊水中活动了，开始也许是无意识的，用不了几天就会有意识地活动。

妈妈的变化

孕妈妈的腹部现在看上去仍很平坦，但子宫变化却很明显，不但比怀孕前增大了，而且变得很软。阴道壁及子宫颈因为充血而变软，呈紫蓝色，子宫峡部特别软。当你的子宫成长时，腹部可能会有痉挛，有时会感到瞬间的剧痛，这些都是正常反应，不要紧张；如果对这种疼痛放心不下，就要去看医生，不要因此而产生焦虑。

本周胎教要点

营养胎教 这一周，孕妈妈要预防便秘，经常活动一下，吃些可以预防和缓解便秘的食物，如红薯、玉米、芹菜等，或者吃些香蕉、蜂蜜、芝麻等有润肠作用的食物。多数的孕妈妈孕吐依然严重，还是要注意饮食调理。

情绪胎教 这个时期，情绪的波动让孕妈妈很难受，需要家人的关心和帮助，多和准爸爸畅聊一下你们的孩子和家庭的美好未来，也可以多和父母聊一聊。

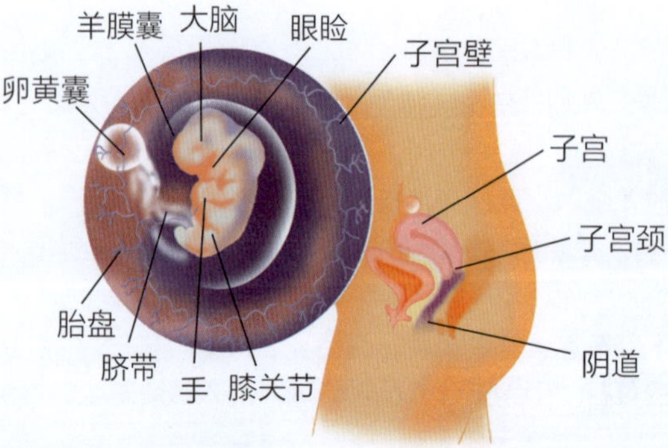

产科专家告诉你

这一时期最容易发生先兆流产和自然流产，必须注意动作的幅度和日常的安全保障，避免碰撞腹部。

如果呕吐的同时伴有头晕、头痛等症状，需要卧床休息，必要时还需咨询医生。

第50~52天

童谣六首

下面几首童谣，意境美好，朗朗上口。在宝宝出生后也可以读给宝宝听，到那时宝宝的反应会令你惊奇不已，好像他已经很熟悉了一样。

月亮哥

月亮哥，跟我走，
走到南山卖巴篓，
巴篓巴，卖琵琶，
琵琶软，卖竹匾，
竹匾高，打把刀，
刀又快，好切菜，
菜又苦，过端午，
菜又甜，好过年。

点点虫

点点虫，虫会爬，
点点鸡，鸡会啼，
点点狗，狗会吠，
点点鸟，鸟会飞，
嘟嘟嘟嘟飞了去，
飞到外婆屋里啦。

中秋到

中秋到，月儿亮。
青麦鲜，瓜子香，
苹果绿，柿子红，
嫩藕脆，甘蔗老，
花红像彩球，
葡萄真可口。

雨来了

雨来了，快回家！
小蜗牛，说不怕——
我把房子背来啦！
雨来了，快回家！
小蘑菇，说不怕——
我已备好伞一把。

粽子香

粽子香，香厨房。
艾叶香，香满堂。
艾条插在大门上，
出门一望麦儿黄。
这儿端阳，
那儿端阳。

萤火虫

萤火虫，夜夜红。
公公挑担卖胡葱，
婆婆养蚕摇丝筒，
儿子读书做郎中，
新妇织布做裁缝。
家中有米吃不空。

第53~54天

蒙学经典：《三字经》节选

《三字经》是中国传统文化的宝贵遗产，是儿童启蒙的经典，千百年来，家喻户晓。《三字经》的内容分为六个部分，每一部分有一个中心思想。下面是第一部分，讲的是教育和学习对儿童成长的重要性。

人之初，性本善。性相近，习相远。

释义：人生下来的时候都是善良的，只是由于成长过程中，后天的学习环境不一样，性情也就有了好与坏的差别。

苟不教，性乃迁。教之道，贵以专。

释义：如果从小不好好教育，善良的本性就会变坏。为了使人不变坏，最重要的方法就是要专心致志地去教育孩子。

昔孟母，择邻处。子不学，断机杼。

释义：战国时，孟子的母亲曾三次搬家，是为了使孟子有个好的学习环境。一次孟子逃学，孟母就割断织机的布来教子。

窦燕山，有义方。教五子，名俱扬。

释义：五代时，燕山人窦禹钧教育儿子很有方法，他教育的五个儿子都很有成就，同时科举成名。

养不教，父之过。教不严，师之惰。

释义：仅仅是供养儿女吃穿，而不好好教育，是父亲的过错。只是教育，但不严格要求就是做老师的过错。

子不学，非所宜。幼不学，老何为。

释义：小孩子不肯好好学习，是很不应该的。一个人倘若小时候不好好学习，到老的时候既不懂做人的道理，又无知识，能有什么用呢？

玉不琢，不成器。人不学，不知义。

释义：玉不打磨雕刻，不会成为精美的器物；人若是不学习，就不懂得礼仪，不能成才。

第55~56天

妈妈宝宝爱动脑：门萨测试

门萨是世界顶级智商俱乐部的名称，1946年成立于英国。门萨现有会员十余万，是世界上最好的智商俱乐部。进入门萨只有一个标准，就是高智商。门萨的测试题由门萨的专家和会员共同制定，是世界上非常权威的测试题。门萨的入门试卷共有30道题目，答对23道，证明智商达到148，可以进入俱乐部。全世界参加测试的人大约只有2%能够通过。

下面我们就为孕妈妈选几道经典的门萨测试题，主要考验孕妈妈的数字能力。都说有了宝宝之后，孕妈妈的智商会大大提高呢，试试看吧！（参考答案见P45）

1.如果29只青蛙在29分钟里捕捉到了29只苍蝇，那么，要在87分钟内抓到87只苍蝇，得要多少只青蛙才行？

2.两个袋子中，各装有8个球，其中4个是白色，4个是黑色。现在，分别从两个袋子中各取出一个球。请问，在所取出的球中，至少有一个是黑球的概率有多大？

3.已知一个男子能在27天内喝完一桶啤酒，而一个女子则需54天。那么，如果他们以各自的速度开始喝，喝完一桶啤酒得用多少天？

孕3月

我是水中小小舞蹈家

孕9周 我在快速生长着

宝宝的本领

现在的宝宝已经初具人形。手、脚、四肢生长迅速，手指和脚趾发育完毕，手指的指垫形成，但手指和脚趾是连在一起的，好似鸭掌。腿在变长，已经长到能在身体前部交叉的程度。眼皮几乎覆盖了双眼，鼻子也已经成形。

现在胎宝宝的移动更加自如了，他不断地动来动去。只是这时胎宝宝还太小，只有几厘米大，所以孕妈妈还感觉不到宝宝的活动。

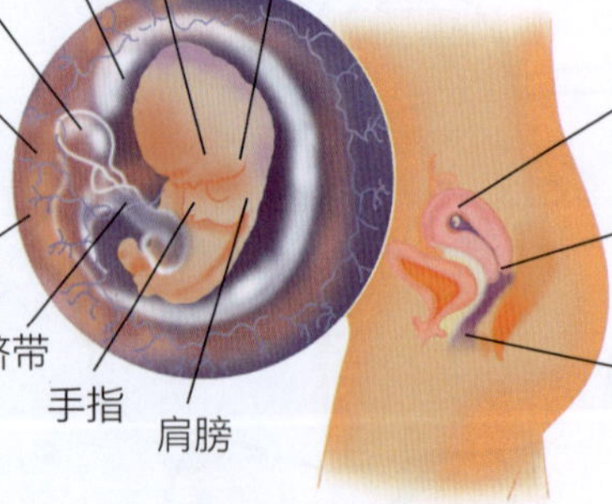

妈妈的变化

现在，孕妈妈的子宫大小已经是怀孕前的2倍了，腰带有些紧了，但是体重没有增加太多，从外观上也看不出怀孕。乳房更加膨胀，乳头和乳晕色素加深。身体的血液也在逐渐增加，到了孕晚期，你会有比孕前多出45%～50%的血液在血管中流动，多出的血液是为了满足胎儿的需要。

本周胎教要点

营养胎教 从现在开始，孕妈妈要有意识控制盐的摄入量了，因为食盐量过多会加重妊娠水肿并且会使血压升高。孕妈妈每日的摄盐量以5～6克为宜，准爸爸要记住了。

情绪胎教 喜欢看电影吗？看看电影吧，最好是喜剧片、亲情片，这样的影片能增加亲子感情。要随时记得，你和宝宝是心意相通的，你的一言一行、思维情绪都在影响着他。

第57~58天

孕妈妈准爸爸来玩五子棋吧

五子棋是一种两人对弈的纯策略性游戏，是起源于中国古代的传统黑白棋种之一，发展于日本，流行于欧美。

孕妈妈和准爸爸今天就开始试试吧。玩这个游戏能增强孕妈妈和宝宝的思维能力，提高智力，而且还富有哲理，能帮助妈妈修身养性。

传统五子棋的棋具与围棋相同，棋子分为黑白两色，棋盘为19×19，棋子放置于棋盘线交叉点上。两人对局，各执一色，轮流下一子，先将横、竖或斜线的5个或5个以上同色棋子连成不间断的一排者为胜。

温馨提示

- 传统五子棋在落子后不能移动或拿掉，所以也可以用纸和笔来进行游戏。
- 准爸爸、孕妈妈准备好了吗，那就开始吧！

孕妈妈和准爸爸正在专心致志地下五子棋呢。

春姑娘来了，满眼都是绿色呢。

第59~61天

胎教故事：《春天来了》

今天我们来讲一个关于春天的故事，故事的主角是各种漂亮的花儿。

春天来了，小树发芽了，小草变绿了，小花也开了，有桃花、梨花、丁香花、玉兰花，真是漂亮极了。

晚上，天空挂着月亮，小星星在月亮婆婆身边睡着了。这时，公园里传来了叽叽喳喳的说话声。

桃花说："春天真好，我最喜欢春天了，太阳暖暖的，花儿也开了，多好啊！你们说是不是我先开的？是我把春天迎来的。"

梨花说："你说的不对，是我先开的，你看我全身白白的，多像雪白的玉。"

玉兰花说："你们说的都不对，是我最先和春姑娘说话的，我最香了，春姑娘最喜欢我了。"

花儿们的说话声把月亮婆婆吵醒了，月亮婆婆问花儿们："你们说什么呢？真热闹，让我也听听。"

梨花向月亮婆婆招招手，高兴地说："月亮婆婆，春天真好，请您告诉我们。是谁最先把春天姑娘迎来的。"

月亮婆婆想了想，微笑着说："我知道刚才你们说什么了，我来告诉你们答案。春姑娘是小草最先迎来的，在你们没开花的时候，小草已经钻出地面了。"

听了月亮婆婆的话，桃花、梨花、玉兰花都低下了头。

月亮婆婆又说："好了，孩子们，咱们睡觉吧！春姑娘待会儿该来叫你们了。"

公园里又静静的了，月亮婆婆，还有桃花、梨花、玉兰花都闭上了眼睛，梦里春姑娘还在跳舞呢。

第62~63天

营养胎教：两道好吃的低盐菜

孕妈妈要控制盐的摄入量，让孕期水肿远离自己。可有的孕妈妈说，我平时喜欢吃咸的东西，没咸味的我吃不下。下面的几款菜品，不用放太多盐，但味道一级棒，并且营养全面，一定适合孕妈妈的口味。

肉末蒸蛋

材料 鸡蛋3个，猪肉50克。

调料 植物油、葱末、淀粉、盐各适量。

做法

1.将鸡蛋打入碗内搅散，放入盐和适量清水，搅匀，上笼蒸熟。

2.选用三成肥、七成瘦的猪肉，洗净，剁成末。

3.锅内放入油烧热，放入肉末，炒至松散出油时，加入葱末、少许盐及适量水，淀粉用水调匀后，浇在蒸好的鸡蛋上面即成。

砂锅紫菜汤

材料 干紫菜20克，竹笋、水发冬菇、小白菜、豆腐干各80克。

调料 花生油、香油、盐、姜末、盐各适量。

做法

1.干紫菜撕成小片；水发冬菇、豆腐干洗净，切丝；竹笋洗净，煮熟，切丝；小白菜洗净。

2.炒锅放花生油烧热，放入冬菇丝、笋丝、豆腐干丝略煸，倒入清水1500毫升，加入紫菜烧沸，倒在砂锅内，加入盐、姜末调味，洒入香油，放入小白菜略烧即可。

孕10周 已经长成一个小人了

宝宝的本领

这一周，你的宝宝正式从胚胎变成“胎儿”了，身体的各部分都已经初步形成，样子也变得有些可爱了。很多的内脏器官开始发挥作用，肺开始发育，心脏已发育完全。

这时，我们的胎宝宝才5克重，已经开始努力去感知外部的世界了，也能按照他自己的好恶对外面的刺激做出回应。

妈妈的变化

这一周，孕妈妈的情绪还是容易失控，体内的激素变化和对怀孕的焦虑是造成这种情况的主要原因。要放松心态，想办法调节，让家人和朋友知道你情绪波动的原因。

本周胎教要点

营养胎教 这个阶段是胎宝宝脑部发育的重要时期，孕妈妈可以有意识地多吃些可以补脑的食物，比如鱼类和核桃、瓜子、松子等干果。

情绪胎教 对情绪的调节依然是一个重要任务，因为宝宝还处在发育敏感期，还是容易受到情绪的影响。我们在前面提供了很多让你保持平静和愉快的方法，也提供了大量的素材，挑你喜欢的音乐听一听，或者选你喜欢的故事看一看。

学习胎教 本周我们加入了学习胎教的内容，因为在这周宝宝的神经系统开始工作了，宝宝正在努力地收集信息，努力地了解外面的世界，用科学家的话来说，就是宝宝已经初步具备了学习能力。中医学认为，孩子是“生而神明”，说的也是这个道理。

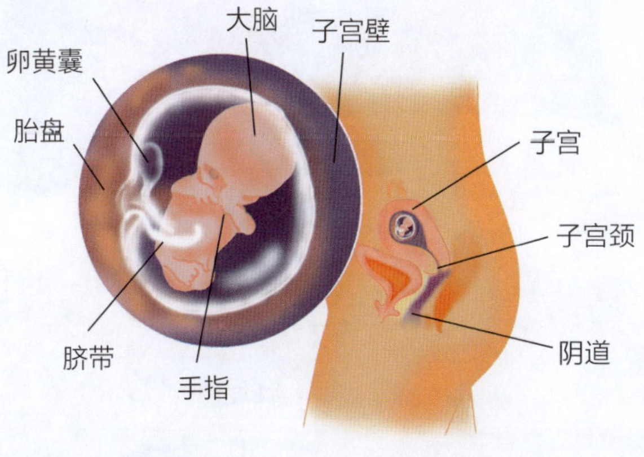

产科专家告诉你

孕早期流血视为流产征兆，应立即就医，并寻找原因。

小王子的星球上，开
出一朵香喷喷的花。

第64~65天

胎教故事：《小王子和他的花儿》

今天，孕妈妈来读读《小王子和他的花儿》吧。对孕妈妈来说，宝宝就是那朵独一无二的花。

在小王子的星球上，从来只有一种花，一种简单而小巧的花。她们只有一层花瓣，她们只需要一块小小的地方。晨起而开日暮而落，安静地不会打扰任何人。

一天，一颗不同的种子出现了。小王子不知道她是谁，也不知道她从哪里来。可她却发芽了，长成了嫩嫩的小苗。小王子每天都会看着她，她是那么的与众不同。小王子很期待，这颗小苗长大的样子。

但是，小苗并没有长得很大。没多久，她就不再长高了，却新奇地孕育出一个花苞。看着这个饱满而可爱的花苞，小王子莫名地相信，花苞一定是一份美丽的惊喜。

很长一段时间里，花苞都没有开放。而是躲在它的小绿房子里精心地打扮自己。她要选择属于自己的颜色，她要仔仔细细地设计自己的花瓣模样，精心挑选最迷人的香气，这一切都需要时间，都必须慢慢来。她希望自己的绽放是美丽的，不要像虞美人一样带着皱纹迎接世界。

是的，她是喜爱美丽的，她要将最光彩夺目的自己展示给世界。为此，她不怕用太多时间修饰自己。她觉得，美丽值得用时间去等待。终于，在一个阳光初放的清晨，她盛开了。

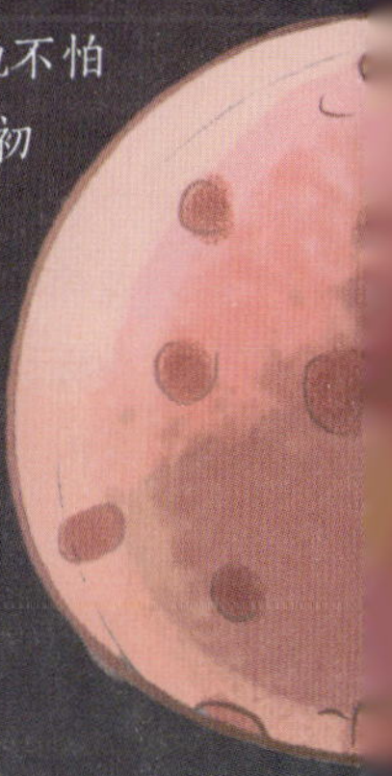

虽然她已经将自己打扮得很完美，但仍打着哈欠说："真对不起，我刚刚醒来，头发还乱糟糟的……"

这时的小王子，已经无法控制自己的喜爱之情，他赞叹道："不，你有着无与伦比的美丽！"

花儿点头微笑说："因为，我与太阳一同出生。"

第66~67天

诗歌欣赏：《金色花》

安安静静地读这首诗吧，诗中表达的是一个孩子对母亲的依恋。孩子是天真而快乐的，因为他正沐浴在浓浓的母爱之中。你的胎宝宝不正是这朵金色花吗？他正在你的爱中慢慢开放。

金色花

泰戈尔

假如我变成了一朵金色花，为了好玩，
长在树的高枝上，笑嘻嘻地在空中摇摆，
又在新叶上跳舞，妈妈，你会认识我吗？
你要是叫道："孩子，你在哪里呀？"
我暗暗地在那里匿笑，却一声儿不响。
我要悄悄地开放花瓣儿，看着你工作。
当你沐浴后，湿发披在两肩，穿过金色花的林阴，
走到做祷告的小庭院时，你会嗅到这花香，
却不知道这香气是从我身上来的。
当你吃过午饭，坐在窗前读《罗摩衍那》，
那棵树的阴影落在你的头发与膝上时，
我便要将我小小的影子投在你的书页上，
正投在你所读的地方。
但是你会猜得出这就是你孩子的小小影子吗？
当你黄昏时拿了灯到牛棚里去，
我便要突然地再落到地上来，
又成了你的孩子，求你讲故事给我听。
"你到哪里去了，你这坏孩子？"
"我不告诉你，妈妈。"
这就是你同我那时所要说的话了。

第68~70天

孕妈妈学画画

孕妈妈画画也是一种良好的美育胎教，孕妈妈在画画时，颜色和图案会对大脑产生良性刺激；同时，胎宝宝也能得到好的艺术启迪。

不要担心画得不好

有的孕妈妈以前没学过画，担心自己画不好，这种担心是不必要的。因为孕妈妈画得好不好是次要的，关键是孕妈妈动手动脑，学画的过程会影响到胎宝宝。

画什么要跟宝宝说

孕妈妈在画的过程中，要不断地跟胎宝宝交流，告诉胎宝宝你在用什么颜色，在画什么，是什么形状的，这样更能增强亲子间的互动。

门萨测试答案 （P35题）

1. 29只。
2. 四次中有三次机会。看一看所取出来的球的组合：黑色 - 黑色；白色 - 黑色；黑色 - 白色和白色 - 白色。只有第四种情况没有黑球。所以至少有一个黑色的球的概率是四分之三。
3. 如果一个男子27天喝完一桶啤酒，每天就得喝$\frac{1}{27}$桶。同样，一个女子每天要喝$\frac{1}{54}$桶啤酒。两人加起来，一天就能喝$\frac{3}{54}$桶啤酒。在这种情况下，他们喝完一桶啤酒要用18天。

孕11周

在妈妈肚子里练习踢腿呢

宝宝的本领

现在的宝宝已经可以在子宫内做吮吸、吞咽和踢腿的动作，维持生命的器官也已经发育了，心脏开始向所有器官供血，并通过脐带与胎盘进行血液交换。同时，许多细微之处开始表露出来，像手指甲、绒毛状的头发等，生殖器也将开始发育，再过一段时间就可以分清是男孩还是女孩了。

妈妈的变化

在这周，有些孕妈妈的早孕反应开始减轻（大部分孕妈妈的早孕反应将在下周明显减轻或消失）；子宫继续增大，如果你用手轻轻触摸耻骨上缘，就能摸到子宫。孕妈妈的手脚变得更加温暖，这是血液循环加强了的缘故。从怀孕到现在，孕妈妈的体重增加了1千克左右，也有的孕妈妈体重因为早孕反应而没有增加，甚至减轻了。

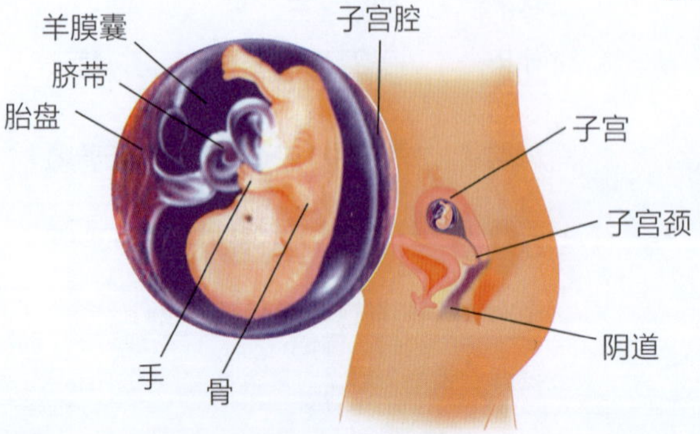

本周胎教要点

营养胎教 这个阶段可以多喝牛奶。牛奶富含钙质，可以使尿液中的钠排泄增多，降低血容量以消除水肿，还可以防治妊娠高血压，并有益于胎儿骨骼的发育。

情绪胎教 憧憬一下未来吧，难受紧张的孕早期即将过去，早孕反应将要消失。宝宝与你的交流会越来越多，那是一种非常美妙的感觉。

意念胎教 今后的宝宝就要和妈妈一起认识这个世界了，这周，孕妈妈先学习一下如何用意念与胎宝宝进行沟通，让胎宝宝感觉到妈妈，让彼此更熟悉。怎么做呢？可以想象宝宝的样子，可以在心里默想你对宝宝的爱，还可以把准爸爸的形象印在脑子里传达给胎宝宝。进行意念胎教，最重要的是心里的平静和全神贯注。

产科专家告诉你

孕妈妈要注意保护自己的牙齿，因受激素的影响，现在的孕妈妈容易出现口腔方面的问题，要注意牙齿清洁，不吃太凉、太热、太硬的东西。

第71~72天

胎教故事：《司马光砸缸》

司马光是一个聪明、爱动脑筋的好孩子。一般人看到有小孩掉进水缸，都只会想爬到水缸顶上去把这个小孩儿捞起来。司马光又是怎么做的呢？快来读读吧！

司马光从小就是个喜欢学习的孩子，特别认真刻苦。

七岁那年，司马光跟小朋友去集市玩，忽然有一处声音吸引了他的注意力，原来是有人在讲述《左氏春秋》。司马光不知不觉地走过去，扎人堆里听起来，完全忘了其他小朋友。他听得入了迷，一直到傍晚说书人撤了摊子打算回家，他才依依不舍地离开。

回家之后，司马光就迫不及待地将听来的春秋故事讲给家里人听。虽然只是听了一个下午，但是他都能说出故事的大体情节。从此之后，司马光更是迷上了读书学习，早晨天还没亮就爬起来捧着书读，到深夜还舍不得睡觉。

有一年夏天，天气特别炎热，大人们都出门去了，小朋友们在他家院子里玩耍，叫他出来一起玩，可是他摇摇头拒绝了，他觉得还是书中的世界更吸引他。

院子里有一口大水缸，缸里装满了水，小朋友们玩着玩着便打起赌来。大家都说这口水缸特别大，肯定能够淹死人。有个小胖子就不相信，非说这口水缸没那么大，也没那么可怕。其他人不高兴了，嚷嚷起来："你说这水缸不大，那你爬进去试试？"

小胖子经不起激将，真的爬到水缸边上，可是水缸太滑了，他一头就栽了进去。看到这情景，大家都吓傻了。一群人在周围绕来绕去，就是想不出什么办法，于是哄哄闹闹地四散跑开了。

司马光听见院子里传来"救命"的声音，赶紧扔下书跑出去。见到这情景，司马光没有慌乱，绕着水缸想了一下，赶紧从墙角捡来一块大石头，朝着水缸就狠命砸下去。水缸被砸破了，水缸里的水流出来了。这个小胖子终于得救了。

第73~75天

成语故事：一叶障目

中国的成语有很多来源于故事或是历史事件，有一些成语故事还非常有趣。孕妈妈读一读，不但能增加知识，还能会心一笑。

从前，楚国有个书呆子，家里很穷。

一天，他看到有本书上写着："如果得到螳螂捕捉知了时用来遮身的那片叶子，就可以把自己的身体隐蔽起来，谁也看不见。"于是他想："如果我能得到那片叶子，那该多好呀！"

从这天起，他整天在树林里转来转去，寻找螳螂捉知了时藏身的叶子。终于有一天，他看到一只螳螂隐身在一片树叶下捕捉知了，他兴奋极了，猛一下扑上去摘下那片叶子。可是，他用力太猛了，一不小心那片叶子掉在地上，与满地的落叶混在一起。他懊丧极了，差点哭出来，可不一会儿，他想出了办法，拿来一只簸箕，把地上的落叶全都收拾起来，带回家去。

他决定一片一片试验。于是，他举起一片树叶，问他的妻子说："你能看得见我吗?""看得见。"他妻子回答。"你能看得见吗?"他又举起一片树叶说。"看得见。"妻子耐心地回答。

他一次次地问，妻子一次次地回答。到后来，他的妻子终于不耐烦了，随口答道："看不见啦!"

书呆子一听乐坏了。他拿了树叶，来到街上，用树叶挡住自己，当着店主的面，伸手取了店里东西就走。

店主把他抓住，送到官府去。县官觉得很奇怪，居然有人敢在光天化日之下偷东西，便问他究竟是怎么回事，书呆子说了原委，县官听罢，哭笑不得，最后还是把他放回了家。

第76~77天

成语故事：按图索骥和自相矛盾

按图索骥

孙阳，春秋时秦国人，相传是我国古代最著名的相马专家，他一眼就能看出一匹马的好坏。因为传说伯乐是负责管理天上马匹的神，因此人们都把孙阳叫做伯乐。

伯乐把自己丰富的识马经验编写成一本《相马经》。他写了各种各样的千里马的特征，并画了不少插图，供人们识马时参考。

伯乐有个儿子，天生愚笨。他看了父亲的《相马经》，也想出去找千里马。他看到《相马经》上说："千里马的主要特征是，高脑门，大眼睛，蹄子像摞起来的酒曲块"，便拿着书往外走，想试试自己的眼力。

走了不远，他看到一只大癞蛤蟆，忙捉回去告诉他父亲说："我找到了匹好马，和你那本《相马经》上说的差不多，只是蹄子稍差些！"

伯乐看了看儿子手里的大癞蛤蟆，不由感到又好笑又好气，幽默地说："这'马'爱跳，没办法骑呀！"

这个成语比喻做事拘泥教条，墨守成规。现在指顺着线索去寻找。

自相矛盾

楚国有一个卖兵器的人，在市场上去卖矛和盾。好多人都来看，他就举起他的盾，向大家夸口说："我的盾，是世界上最最坚固的，无论怎样锋利尖锐的矛也不能刺穿它!"

接着，这个卖兵器的人又拿起他的矛，大声吆喝道："我的矛，是世界上最尖利的，无论怎样牢固坚实的盾也挡不住它一戳。"

这时，一个看客上前拿起一支矛，又拿起一面盾牌问道："如果用这矛去戳这盾，会怎样呢?""这——"围观的人先都一楞，突然爆发出一阵大笑，便都散了。

那个卖兵器的人，灰溜溜地扛着矛和盾走了。

孕12周 动个不停的“小淘气”

宝宝的本领

到了这周末，宝宝从头到脚更具人的模样了。他的器官，尤其是大脑在快速发育，神经细胞呈几何级数在增长，大脑体积约占身体的一半。

他的身长尚不足成人的手掌大小，但却越来越淘气了，时而伸伸胳膊踢踢腿，时而扭扭腰，俨然一个小小运动员。宝宝的生殖器官开始呈现男女特征；消化系统也已经能够吸收葡萄糖了。

妈妈的变化

这一周，早孕反应在减弱甚至已经消失，感觉舒服多了。流产的可能性也大大降低，不必过于担心了。妈妈们的天空仿佛一下子晴朗了，心情也不由得开朗许多。你的好心情，宝宝也在享受着呢。

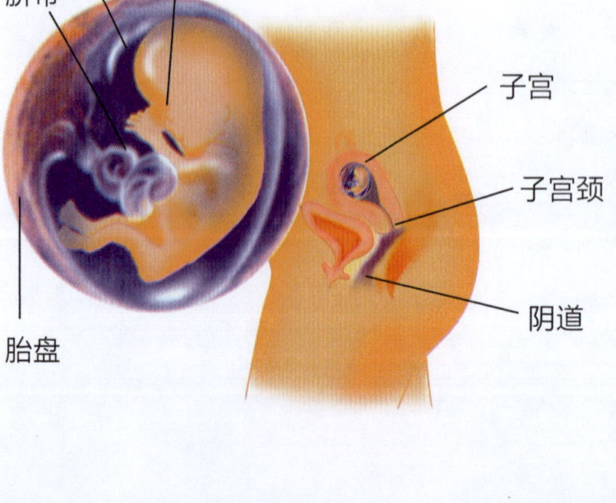

现在，孕妈妈的腹部从肚脐到耻骨会出现一条垂直的黑色的妊娠线，脸上也会出现些黄色的妊娠斑，并且乳房可能会有些发胀。可不要因为这些变化影响你的好心情哦，要知道，这都是怀孕的正常反应，孕期过后会慢慢恢复的，就当这是为宝宝的一点小小付出好了。

本周胎教要点

美学胎教 以前的衣服穿不上了，应该去买些适合孕期的衣服，何不趁此机会打扮一下，这对于宝宝也是一种美的熏陶呢。

营养胎教 胃口好了，就让准爸爸给做点解馋的吧。注意哦，还是要以清淡为主，可别吃大鱼大肉的，要注意叶酸的摄入量，多吃些绿叶蔬菜和海产品。

情绪胎教 孕妈妈的身体舒适了，闲下来的时候，可以享受和宝宝在一起的时光，读读有趣的故事，想一想以前愉快的经历。

产科专家告诉你

要美丽，但尽量不化妆，尤其不要浓妆艳抹。少看电视，多把时间用在和宝宝相处及读书上。不要读那些很曲折、使心情波动较大的书。这周该去医院检查建档了，从此将会有更多的人关心你和小宝宝。

第78~80天

营养胎教：准爸爸下厨

经过这段时间的锻炼，相信准爸爸的厨艺已经大有长进了。快试试下面几道营养又美味的菜吧，孕妈妈一定会赞不绝口。

百合炒肉

材料 百合50克，猪里脊肉150克。

调料 盐、蛋清、水淀粉、植物油各适量。

做法

1.猪里脊肉洗净切片；百合洗净切成小块。将百合和肉片用盐、蛋清抓匀，加入水淀粉，搅拌均匀。

2.上述材料入油锅中翻炒至熟即可。

肉丝银芽汤

材料 黄豆芽100克，猪肉50克，粉丝25克。

调料 榨菜丝、盐、植物油各适量。

做法

1.猪肉洗净，切成丝；粉丝用水泡软。

2.黄豆芽择洗干净，和肉丝一起放入油锅中翻炒至变色加入适量水，再放入粉丝、榨菜丝、盐煮5~10分钟即可。

糖醋白菜

材料 白菜400克，胡萝卜1根。

调料 白糖、米醋、生抽、淀粉、植物油各适量。

做法

1.将白菜洗净，切斜片；胡萝卜洗净，切菱形片；将白糖、米醋、生抽、淀粉混合成味汁。

2.油锅烧热，先炒胡萝卜至稍软后放入白菜，大火翻炒，倒入味汁翻匀即成。

咸蛋黄炒饭

材料 米饭300克，咸蛋黄1个。

调料 盐、蒜苗、小葱、香菜、植物油各适量。

做法

1.蒜苗、小葱、香菜均洗净切末，咸蛋黄切丁。

2.锅内倒油烧热，爆香葱末，放入咸蛋黄和蒜苗拌炒，加入米饭及盐炒匀，盛入盘中，撒上香菜末即可。

第81~82天

准爸爸讲笑话

到了准爸爸表现的时间了，今天准爸爸要给孕妈妈和胎宝宝讲几个小笑话。一定要拿出你的幽默感，模拟不同人的声音，如果能带上动作就更棒了。

聪明孩子和笨孩子

一个聪明的孩子和一个笨孩子去考试，老师问聪明的孩子说：“谁发明了电灯？”

“爱迪生。”

“谁发现了镭？”

“居里夫人。”

“谁发现了地球有引力？”

“牛顿。”

“100分。”

聪明的孩子为了帮笨孩子，把答案告诉了他。

老师问：“你爸爸是谁？”

“爱迪生。”

“你妈妈是谁？”

“居里夫人。”

“谁告诉你的？”

“牛顿！”

适得其反

“这次算术考试得了多少分？”

“三分。”

话音刚落，“啪！啪！啪！”小明的屁股挨了爸爸三鞋底子。

“下次再考，得多少分？”

“下次我一分也不要了。”

爸爸无用论

孩子：“妈妈，我们是上帝生的吗？”

妈妈：“当然，亲爱的。”

孩子：“礼物也是上帝发的？”

妈妈：“那还用说。”

孩子：“那我们还要爸爸干什么。”

省钱了

“爸爸，你可以省钱了！”

“省什么钱，孩子？”

“今年你不用再花钱给我买课本了，我已经留级了。”

第83~84天

名画欣赏：《蒙娜丽莎》

今天我们一起来欣赏著名的画作《蒙娜丽莎》。这幅画是达·芬奇的代表作之一。蒙娜丽莎是一位真实的人物，是佛罗伦萨一个富商的妻子。多少年来，人们一直为她恬静、优雅、神秘的微笑所倾倒。有些人研究说，蒙娜丽莎之所以能有这样的微笑，是因为她已经怀孕，只有孕妇才能有那样的微笑。这是不是真的？作为孕妈妈的你觉得呢？

欣赏这幅画，感受画的意境，然后闭上眼睛，让画在脑海里呈现，这样宝宝也能感受到这种震撼人心的美了。

孕中期

13~28 周

胎教黄金时期
让宝宝全面发展

孕中期胎教重心

情绪胎教

随着宝宝一天天长大，妈妈开始慢慢习惯抱着肚子出门了，但还是容易发怒、烦闷不安等。孕妈妈可以学些剪纸、阅读等，以此来转移自己的注意力，保持愉悦的心情。

感官胎教

孕中期，宝宝的五官已经有相当程度的发育了，孕妈妈要多听优美的音乐，多和宝宝对话，多尝试不同口味的食物。别看宝宝还小，已经能跟妈妈互动了。

营养胎教

孕中期，宝宝生长迅速，孕妈妈新陈代谢速度加快，对营养的需求量增多，要补充钙质等营养成分。准爸爸可以学点营养知识，做点营养可口的饭菜，为妈妈和宝宝的健康出一份力。

学习胎教

孕中期的宝宝身体发育已经很好了，学习能力很强。孕妈妈剪纸时，宝宝在妈妈肚子里便锻炼了动手能力；孕妈妈做数独游戏时，宝宝的大脑也得到了锻炼。

孕中期胎宝宝发育一览表

时间	安排
听觉	4个月大的胎宝宝能感受到声音的刺激，能意识到妈妈的声音，能分辨每个声音了
触觉	4个月大的胎宝宝能吮吸手指，5个月大的胎宝宝性器官比较发达，男孩有反射性勃起，6、7个月大的胎宝宝能用皮肤感受羊水的晃动
嗅觉	4个月大的胎宝宝正在形成从嗅毛接收信号的大脑部分，5个月大的胎宝宝形成能嗅到味的嗅毛，6、7个月大的胎宝宝，鼻子嗅到味后能传达给大脑
视觉	4个月大的胎宝宝开始对光线产生反应，6个月大的胎宝宝能自如地睁开或闭上眼睛，7个月大的胎宝宝就能区分光的明和暗了
味觉	孕中期的宝宝味蕾发展迅速，到了末期，味蕾已经很发达了，甚至能分辨甜味和苦味

孕中期每天生活计划表

时间		安排
早	6~7点	起床，跟宝宝问声好
	7~8点	吃早饭时要想一想，抚摸肚子，感受宝宝的存在，宝宝与你共呼吸，这是多么幸福的一件事啊
	8~10点	**在职孕妈妈** 认真工作，注意休息。大多数孕妈妈的早孕反应已经过去了，但是还有些孕妈妈仍然会有不适，需要注意改善
		居家孕妈妈 在家养胎的孕妈妈可到公园散散步或充电学习
	10点	**加餐** 吃10克开心果，1杯酸奶
	10~12点	**在职孕妈妈** 集中精力工作，将脚放在搁脚凳上，能预防并减轻水肿
		居家孕妈妈 在家的孕妈妈如果感觉舒服，就开始准备食物；如果身体不适，就把做饭的工作交给家人，自己乐享其成吧
午	12~13点	吃健康、营养的中饭，饭后吃点水果，如1个苹果或1瓣柚子
		如有条件，饭后最好睡一会儿，半个小时就好
	13~15点	**在职孕妈妈** 工作中，可以每间隔半个小时站起来走动走动，看看外面的蓝天白云，让眼睛和脑部得到充分的休息
		居家孕妈妈 可休息1小时，可以让家人按摩按摩下肢和脚部，以缓解下肢水肿。在舒适的状态下看看书、玩玩智力游戏
	15点	及时补充水分
		加餐 20克花生米，1杯鲜榨果汁
	15~18点	**在职孕妈妈** 小宇宙爆发，努力工作吧；身体不适的话，可以适当请假休息休息
		居家孕妈妈 居家孕妈妈在身体状态好的时候，看看分娩类的孕产书籍，能减轻对分娩生产的恐惧
晚	18~19点	晚餐，七分饱，简单又营养是最佳的选择
	20~21点	准爸爸时间到，讲胎教故事、说谜语、读诗歌等都是不错的选择
	21点	听《小天鹅舞曲》《摇篮曲》《时钟店》等，培养母子乐感
	22点	睡觉，跟宝宝道声晚安，祝宝宝好梦

在妈妈的抚触下不停地活动着

孕13周 我的手能握成小拳头了

宝宝的本领

宝宝的脸看上去更像成年人了，身长约有76毫米，体重较上周也有所增加。

宝宝的脖子已完全成形，可以支撑头部进行运动了，眼睛正转向头的正面，耳朵也向正常位置迁移。同时，肝脏开始制造胆汁，肾脏也开始向膀胱分泌尿液。宝宝能通过皮肤震动感受器来“听”声音。

宝宝的神经元增多，神经突触形成，条件反射能力增强，手指开始能和手掌握紧，脚趾和脚底也能弯曲了。

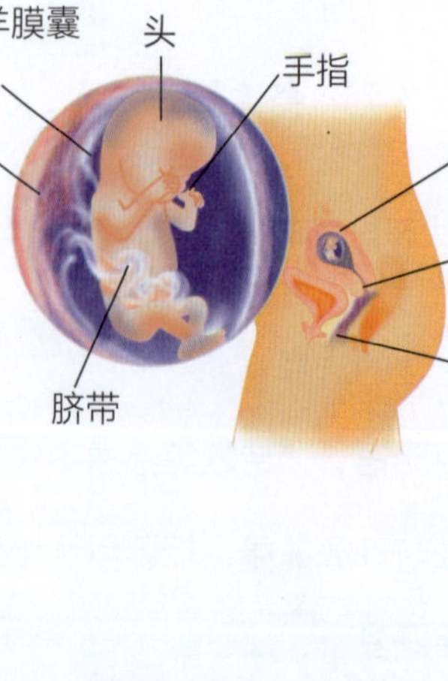

妈妈的变化

到了13周，早孕反应及易造成流产的危险期基本结束，相对来说，这一时期，孕妈妈和胎宝宝是比较安全的。

妈妈在趾骨联合上方2~3指处可以触及到增大的子宫底，乳头能挤出乳汁，如同分娩后的初乳。

孕妈妈的腹部、大腿内侧和臀部可能会出现妊娠纹，有的孕妈妈会很明显，而有的则一点也没有。

本周胎教要点

营养胎教 孕妈妈的新陈代谢速度加快，对营养的需求也增多了，全家人要以孕妈妈为中心，保证孕妈妈的营养。最好能增加维生素B_1、维生素B_2的摄入量，但也要注意防止肥胖！

情绪胎教 孕妈妈在孕育新生命的同时，也会为自己和宝宝的未来担心，此时要调整好自己的心态，通过看书、听音乐等方式来疏导或转移注意力，缓解忧郁的情绪。

第85~86天

来玩数独吧（一）

孕妈妈都希望宝宝聪明又健康，那么，现在就来开发宝宝的大脑吧！

(参考答案见P25)

	9				7		3	
8		1		9	3	2		7
3			4				6	
4		9		5			7	
	8		1				2	
	3		2	4		5		9
	5				2			4
7		3	8	1		6		2
	1		9				5	

数独游戏答案(P25题目)

4	7	5	6	8	1	3	9	2
8	2	9	4	5	3	6	7	1
6	1	3	7	9	2	4	5	8
3	8	6	1	2	9	5	4	7
7	4	2	5	3	6	8	1	9
5	9	1	8	7	4	2	3	6
2	3	8	9	1	5	7	6	4
9	5	4	2	6	7	1	8	3
1	6	7	3	4	8	9	2	5

第87~88天

妈妈宝宝猜谜语（一）

早上醒来，看到从窗户射进来的阳光，孕妈妈心情一定很好！那么就带着愉悦的心情来猜几道谜语吧！（参考答案见P61）

1 有门不用锁，有顶无底座，夏夜门关起，天亮门开启。（猜一床上用品）

2 小铁狗，把路走，走一步，咬一口。（猜一日用品）

3 麻房子，红帐子，里面睡个白胖子。（猜一食物）

4 一个小姑娘，长在水中央，身着粉红裙，坐在绿船上。（猜一植物）

5 两只小船，一左一右，你追我赶，一前一后。（猜一生活用品）

6 娃娃白又胖，冬天坐地上，不怕大风刮，就怕晒太阳。（猜一物）

7 云儿见它抬头，大树见他招手，苗儿见它弯腰，花儿见它点头。（猜一自然现象）

第 89 ~ 90 天

怎样给宝宝讲故事

随着宝宝身体功能的一天天完善，孕妈妈对外界事物的感受会巧妙转化为教育因子，对宝宝产生影响。因此，孕妈妈要多同宝宝交流，给宝宝营造一个充实的、丰富的精神世界。给胎宝宝讲故事就是胎教不可缺少的内容。

选故事书

孕妈妈可以选择色彩丰富、富于幻想、语言简单的书，如幼儿画册，能激起孕妈妈的想象，给孕妈妈带来舒适感和愉悦。

讲述时要充满感情

孕妈妈最好能将故事内容转化为自己脑中的一个个形象，有感情地、形象地传达给宝宝，而不是照本宣科。

胎教故事以温暖为主

给宝宝讲的故事，最好是温馨、感人的，或将残酷和恐怖的场面删去。宝宝可以在以后的人生路上慢慢学习分辨善恶。

孔融让梨的故事人人皆知，小时候就听自己的妈妈讲过，现在孕妈妈可以再讲给腹中的宝宝听了。

孔融让梨

孔融是孔子第20代孙子。4岁的时候，邻居送来一筐梨，孩子们都去抢。孔融却站在一旁不动，等别人都拿完了，他才从容地去拿了最小的一个梨。大家奇怪地问他：“为什么不拿大梨呢？”他说：“哥哥比我年纪大，应该吃大的，而我是弟弟，当然应该吃小的。”大家听了很感动，没想到他这么小就懂得谦让。这件事情一时被传为佳话。

其实孔融敬兄并非这一件事情。他16岁那年，哥哥孔褒的一个朋友叫张俭，因为得罪了宦官侯览，跑到孔融家避难，当时哥哥不在家，孔融就把他藏了起来，后来被发现。官兵按照窝藏罪把孔褒抓起来。孔融得知便到衙门说：“张俭是我藏起来的，应该由我承担责任，与哥哥无关。”孔褒说：“张俭是我的朋友，找我避难，与你无干。”兄弟争着要负责任。

孔融大了以后做了北海太守，他性格宽厚，广交朋友，善待有学问的人。

兄弟应该互相谦让，互相爱护，千万不能因小事而使自己陷入不义的境地，更不能因为争强好胜而伤了和气。

第91天

唱首儿歌给宝宝听

《小燕子》这首儿歌旋律简单、轻快，歌词也比较上口，充满春天的气息。妈妈可以反复哼唱，会乐器的妈妈还可以演奏出来，宝宝会很喜欢的。

小燕子

小燕子，穿花衣，
年年春天来这里。
我问燕子“你为啥来？”
燕子说：“这里的春天最美丽。”

小燕子，告诉你，
今年这里更美丽，
我们盖起了大工厂，
装上了新机器，
欢迎你，长期住在这里。

猜谜语答案：（P59题目）
1.蚊帐 2.剪刀 3.花生 4.莲花 5.鞋子
6.雪人 7.风

孕14周 开始练习呼吸了

宝宝的本领

14周的宝宝，身长大约有8~9.3厘米，体重达25克。这时，宝宝长得很快，已经能分辨出性别。

宝宝的皮肤上长出了一层细细的绒毛，这层绒毛在宝宝出生后会消失。

宝宝的手指、手掌、手腕、双腿、双膝和脚趾已经能弯曲和伸展了，会时不时调皮地动动。

宝宝已经开始练习吸气和呼气了，他在为子宫外的生活做准备呢。

妈妈的变化

怀孕时，孕妈妈体内的雌激素水平较高，盆腔及阴道充血。此时，孕妈妈的阴道分泌物增加，白带增多。孕妈妈不要为此感到不安，应保持外阴部清洁，选择纯棉内裤，坚持每天清洗。

孕妈妈的疲劳、恶心及尿频等孕期不适大大减轻，越来越适应怀孕的状态，心情也变得平稳。

孕妈妈的子宫增大，在脐耻之间，腹部隆起尚不明显。

本周胎教要点

营养胎教 此时，孕妈妈的日常饮食最好以营养丰富、易于消化、口味清淡为主，肥甘厚味并不适合孕妈妈。准爸爸在为孕妈妈挑选食物时，要知道这一点。

情绪胎教 孕妈妈烦躁不安或抱怨时，肚子里的宝宝也会受到影响。因此，孕妈妈要保持平稳的心态和情绪，这样才能保证宝宝的身体和大脑的健康发育。

运动胎教 孕妈妈适当运动能调节人体内分泌系统并促进血液循环，增强心脏和肺部功能，改善消化和代谢功能。此外，运动还能愉悦孕妈妈的心情，使孕妈妈乐观、平静地度过孕期。

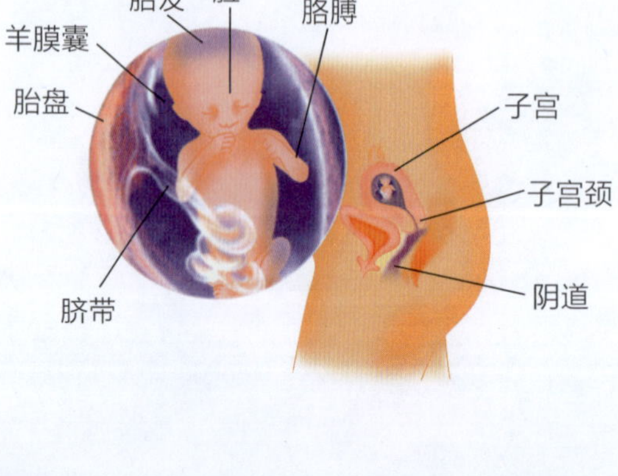

产科专家告诉你

米面加工得越细，其中的无机盐和B族维生素会损失得越多。因此，孕妈妈不宜常吃精制食物。

第92~93天

诗歌欣赏：《致橡树》

今天，孕妈妈声情并茂地朗诵这首诗吧！舒婷的《致橡树》是描写独立又伟大的爱情。读了这首诗，孕妈妈的生活态度会更积极、乐观、健康。

我如果爱你——
绝不像攀援的凌霄花，
借你的高枝炫耀自己：
我如果爱你——
绝不学痴情的鸟儿，
为绿荫重复单调的歌曲；
也不止像泉源，
常年送来清凉的慰籍；
也不止像险峰，增加你的高度，衬托你的威仪。
甚至日光。
甚至春雨。
不，这些都还不够
我必须是你近旁的一株木棉，
作为树的形象和你站在一起。
根，紧握在地下，
叶，相触在云里。
每一阵风过，
我们都互相致意，
但没有人
听懂我们的言语。
你有你的铜枝铁干，
像刀，像剑，
也像戟，
我有我的红硕花朵，
像沉重的叹息，
又像英勇的火炬，
我们分担寒潮、风雷、霹雳；
我们共享雾霭、流岚、虹霓，
仿佛永远分离，
却又终身相依，
这才是伟大的爱情，
坚贞就在这里：
不仅爱你伟岸的身躯，
也爱你坚持的位置，脚下的土地。

——舒婷

第 94 ~ 96 天

我们仨的幸福胎教时光

音乐胎教：欣赏优美的《蓝色多瑙河》

孕妈妈今天来欣赏优美动听的《蓝色多瑙河》吧，这是由“圆舞曲之王”约翰·施特劳斯所创作的经典曲目。

如何听曲

在心情平静的时候带着胎宝宝听这首曲子吧，还可以在头脑中勾勒出多瑙河湛蓝的河水、如画的风光，并将这种对美的感受传递给胎宝宝。

约翰·施特劳斯和他的《蓝色多瑙河》

多瑙河是流经中欧的一条主要河流。这条河流对作曲家来讲，如同母亲一样亲切、熟悉。约翰·施特劳斯不知多少次或泛舟多瑙河上，或漫步在河畔两岸。那湛蓝的河水，如画的风光，村民朴实的舞蹈，美丽动人的传说，使作曲家感到犹如投身在母亲温暖的怀抱之中，经常流连忘返，不愿离去。在阅读好友格涅尔的诗篇《美丽的蓝色多瑙河》时，乐思如同奔腾的河水，激荡在他的心头，由此创作出了这一传世名曲。

温馨提示

- 孕妈妈要选择轻柔的音乐，并且声音不要太大，这样可以让孕妈妈和胎宝宝放松心情。

第97~98天

孕妈妈做有氧操

今天的胎教内容就是孕妈妈做有氧操，和宝宝一起活动活动筋骨！

1 上臂上抬至肩膀，上半身向左右转动。

2 手臂向后伸展，上身弯曲与地面平行，抬起头，眼看前方。

3 双脚用力分开，蹲下，双手抓住两脚踝。

4 两脚分开，膝盖伸直，双手抓住两脚踝。

温馨提示

- 孕妈妈在做操前最好做些热身运动，如单脚站立、双臂向左右伸展等。待结束后，可以仰卧，将双臂稍稍张开，慢慢放松全身。

孕15周 能听到妈妈的呼吸和心跳了

宝宝的本领

在15周，胎宝宝身上覆盖了一层细细的绒毛，看上去如同披着一层薄绒毯，这能帮助宝宝调节体温。

胎宝宝开始长出眉毛，头发也在继续生长着，这些毛发的质地和颜色在出生后会有一定的改变。

胎宝宝的听觉器官仍在发育中，游弋在羊水中的胎宝宝能听到妈妈的声音和心跳。

别看宝宝不大，但在子宫里可是会做很多动作了，如握紧拳头、眯眼斜视、皱眉头、做鬼脸，有时候还吮吸自己的大拇指呢，而这些动作都能帮助宝宝越来越聪明。

妈妈的变化

在这周，随着子宫的增大，支撑子宫的韧带会增长，孕妈妈会感觉到腹部和腹股沟疼痛。孕妈妈不要因此而抱怨宝宝哦，因为宝宝都能听到你的讲话了。

孕妈妈乳晕颜色变深，乳头增大，成暗褐色，乳房中已经形成了初乳，乳头也因此分泌出白色乳汁。孕妈妈从这个时候起要多吃点营养食物，做好乳房卫生，为以后的哺乳做好准备。

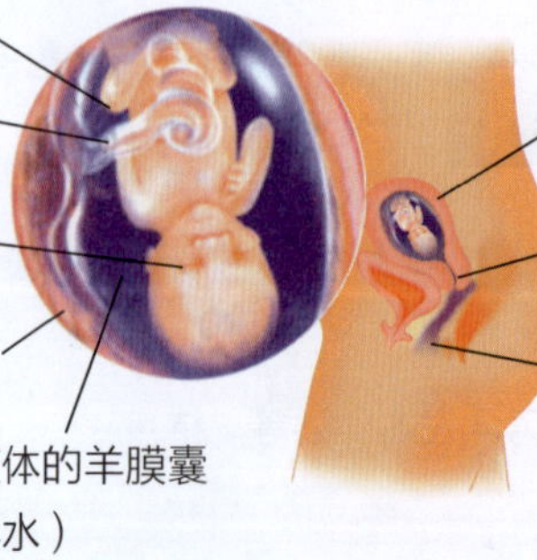

本周胎教要点

情绪胎教 宝宝在孕妈妈孕育的初期，个人性格、气质特点就已经开始萌芽。在这周，宝宝对妈妈发出的爱、恨、忧伤等不同情感更加敏锐。所以，要时刻调整好自己的情绪，爱护好自己的宝宝！

音乐胎教 在这周，可以播放大提琴独奏曲或其他舒缓的音乐。宝宝很喜欢妈妈哼唱歌曲，也非常容易接受爸爸的低音哼唱。宝宝会在妈妈爸爸唱歌时产生的物理震动中得到感觉和感情上的双重满足。

产科专家告诉你

现在的孕妈妈应注意口腔卫生，每天早晚记得要刷牙。此时，宝宝的状况已经稳定，孕早期不能接受治疗的口腔问题现在可以去医院解决了。

孕妈妈可以在医生的指导下进行一次产前唐氏儿的筛查，对宝宝的健康状况做一个全面的了解。

第99天

胎教故事：《乌鸦喝水》

有一只小乌鸦口渴了，它飞来飞去地到处找水喝。可是附近连条河都没有，要上哪里去找水呢？

小乌鸦在树林里转悠，想找到一片带露珠的叶子。可是露珠早就被空中照耀的太阳蒸发掉了。小乌鸦实在累极了，收起翅膀，站在一根小树枝上喘口气。就在这个时候，它忽然有了意外的发现，树底下有个小玻璃瓶，瓶子里居然还有水！

小乌鸦高兴地一头扎下去，到了瓶子跟前又伤心了。瓶子里虽然有水，可是水不够多，瓶口又很小，乌鸦再怎么使劲，也够不着水。要怎么办才好呢？

小乌鸦急得团团转，明明看到了水，可是又喝不到，这实在太难受了。嗓子里好像有把火在烧，烧得它心烦意乱的。小乌鸦四下里打量着，看到附近有一堆小石子，脑子里突然想出了一个主意。

它高兴地扑腾着翅膀，从旁边一颗一颗地衔来小石子，放进瓶子里。瓶子里的水面渐渐往上升，小乌鸦终于喝到水了！

第100~102天

诗歌欣赏：王维诗三首

孕妈妈在散步或休息时，不妨吟诵点美丽的诗句，让宝宝多接触些诗歌中大自然的美丽。王维的诗歌造诣很高，被称为“诗中有画，画中有诗”，可以将其作为诗画合一的佳作多多欣赏。

山居秋暝

空山新雨后，
天气晚来秋。
明月松间照，
清泉石上流。
竹喧归浣女，
莲动下渔舟。
随意春芳歇，
王孙自可留。

竹里馆

独坐幽篁里，
弹琴复长啸。
深林人不知，
明月来相照。

鹿柴

空山不见人，
但闻人语响。
返影入深林，
复照青苔上。

在这三首诗中，分别描绘了新雨、空山、明月、清泉、竹喧、渔舟、青苔等，营造了一幅幅宁静致远的山水画。

第103~105天

学手语：早上好、晚安

早上起来，孕妈妈、准爸爸都不要忘了跟宝宝打个招呼，可以直接说“早上好”，也可以用手语跟宝宝问好！

早上好

早上：一手四指与拇指相捏，手背向上横放在胸前，缓缓向上竖起，五指逐渐松开，象征天色由暗转明。

好：一手握拳，拇指向上。

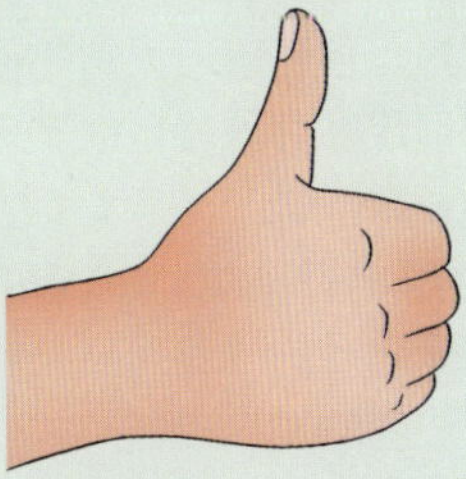

晚安

晚（晚上）：一手四指并拢与拇指成90度直角，放在眼前。再慢慢做弧形下移，同时五指捏合，象征天色由明转暗。

安：一手横伸，掌心向下，自胸前向下一按。

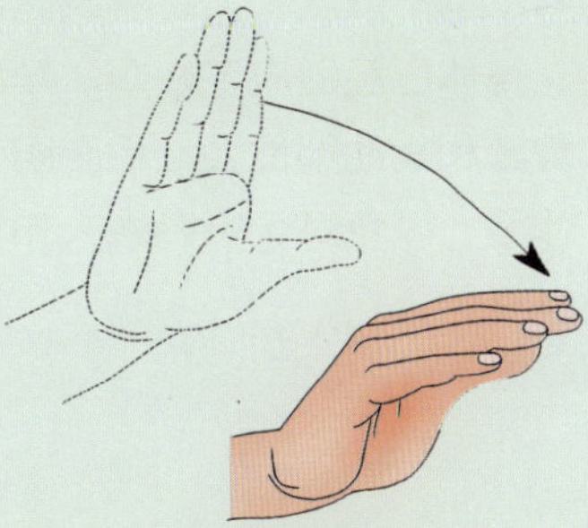

孕16周 能对大脑的刺激做出反应了

宝宝的本领

小宝宝在这周开始打嗝了，这是宝宝呼吸的序曲。宝宝气管中充斥的不是空气，而是流动的液体。到了这周末，宝宝的胳膊和腿发育完成，关节也开始慢慢活动。此时，宝宝的神经系统开始工作，肌肉对于来自脑的刺激有了反应，能协调运动。宝宝在自己的空间里非常活跃，常常翻身、翻筋斗、乱踢一通。

妈妈的变化

随着宝宝一点点长大，孕妈妈体重开始增加，身体已经适应了妊娠。孕妈妈的腹部、臀部和其他部位会堆积脂肪，应注意调节体重，以免对孕妈妈本人和宝宝产生不良影响。

孕妈妈在这周对腹中的宝宝感受得更为真切了，也能感到明显的胎动了。妈妈感受到的胎动如同喝了饮料后肠胃蠕动的感觉，妈妈不要忘了记录第一次感受到胎动的时间哦！

本周胎教要点

情绪胎教 这一周，孕妈妈和宝宝已经有了心灵感应，孕妈妈的性格也潜移默化地影响着宝宝的性格。孕妈妈不妨多做些白日梦，可以想象一下小宝宝的摸样，可爱的动作和一家三口的幸福生活。这能帮助调节孕妈妈担忧、害怕等不良情绪，对宝宝的健康成长非常有益。

抚摸胎教 孕妈妈要不时地摸摸宝宝，可能会碰到宝宝的嘴唇、手掌、前额或眼睑等部位，这会增强宝宝在子宫中的活动。

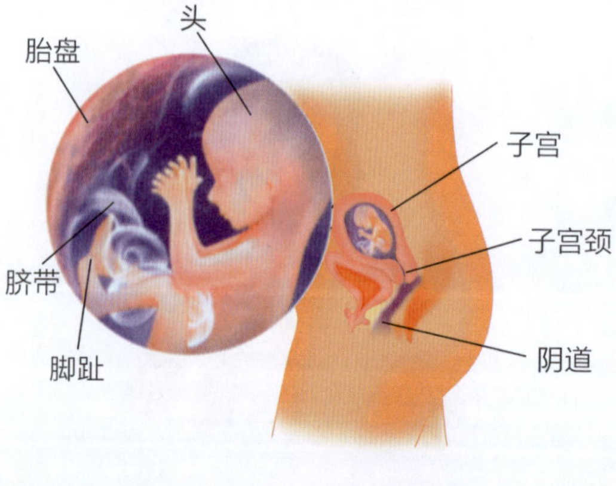

产科专家告诉你

虽然孕妈妈要兼顾好自己和宝宝的营养，但也不可太贪吃，每天的食谱保证足够营养就可以了，尽量避免营养过剩，防止孕期体重过度增长。

孕妈妈的皮肤非常敏感，应使用温和无刺激的洁面用品。由于皮肤干燥，洗脸的次数应相对减少，每天两次即可。

第 106 ~ 108 天

知识胎教：认识“父”“母”这两个字吧

胎宝宝在渐渐地长大，最终将会离开母体，成为家庭中的一员，成为父母眼中的宝。那么，现在就让他来了解一下“父”和“母”的含义吧。

甲骨文的“父”字像右手持棒之形，意思是手里举着棍棒、督导子女守规矩的人。金文跟甲骨文差不多，而小篆则更加整齐化了，隶变后成为现在的楷书“父”字。

甲骨文的“母”字象征着一个女人双手交叉地跪在地上，两点表示乳房，整个字形像正在哺乳的样子。到金文后稍微繁写，小篆则更加整齐化，隶变后就成为现在楷书的“母”字。

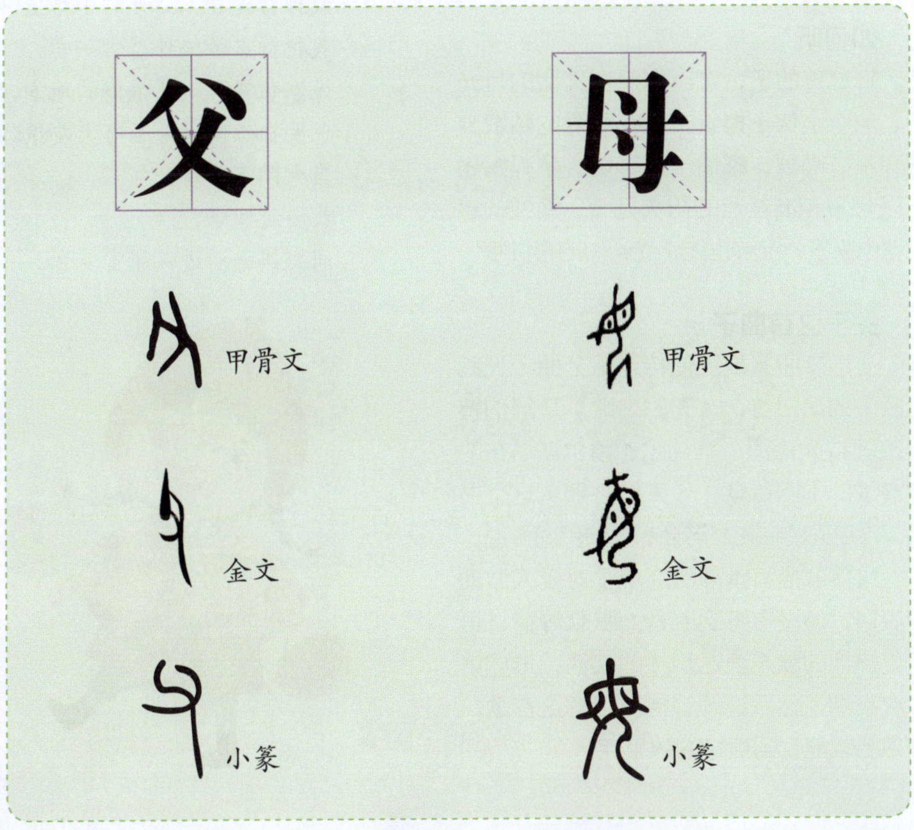

第109天

音乐胎教：《小夜曲》

奥地利作曲家舒伯特的《小夜曲》感情非常真挚动人，孕妈妈不妨多听，以陶冶性情。

什么时候听

清晨、黄昏或睡前，或是你感受到宝宝在动的时候听，让宝宝感受到你的真挚感情。

如何听

听这首曲子，可以想象在美丽的月光下，一个小伙子抱着吉他在心爱的姑娘窗下弹奏、唱歌，感情十分真切。孕妈妈还可以想象和准爸爸的初次见面，愉悦的感觉就出来了，宝宝也能感受到你的喜悦哦。

关于这首曲子

《小夜曲》是舒伯特声乐套曲《天鹅之歌》的第四首，《天鹅之歌》是舒伯特用德国诗人海涅、赛德尔、雷尔斯塔布的诗谱成的十四首歌。《天鹅之歌》这个书名，来自天鹅临死之前会唱歌的民间传说。

这首歌描写幽静的环境中对爱人激动的表白，但没有听到回音而默默等待，再以更热情的歌声表达炽热的感情，形成第二次高潮，然后继续等待。了解这首歌，音乐胎教能收到更好的效果呢。

第110天

童谣：《小红帽》

孕妈妈把《小红帽》的故事讲给宝宝听吧，但要注意去掉可能让宝宝感到害怕的东西哦。这也是一首动听的歌谣呢，孕妈妈也可以哼唱给宝宝听。

小红帽

我独自走在，郊外的小路上，
我把糕点带给外婆尝一尝。
她家住在又远又偏僻的地方，
我要担心附近是否有大灰狼。
当太阳下山岗，
我要赶回家，
同妈妈一同进入甜蜜梦乡。

第 111 ~ 112 天

胎教故事：《有多爱你》

这个小故事充满爱意，爸爸妈妈可以分角色朗读这个温情满满的故事，让宝宝知道，你们有多爱彼此。

月亮出来了，小宝贝要上床睡觉了。他紧紧地抱着爸爸的脖子不松手："爸爸，爸爸，你猜我有多爱你？""你有多爱我？"爸爸笑着问。

小宝贝听后将手抬高，抬到不能再高时说："我爱你，有这么高。不，比这还要高，高到够不到。"爸爸笑笑说："我爱你，也有这么高，高到够不到。"小宝贝想了想，爸爸的手臂比我长，举得比我高，岂不是说他爱得比我多。

小宝贝想了想，又有了好主意："爸爸，我爱你像我看到的那样远。"爸爸笑着说："是的，我爱你像我看到的那样远。"

小宝贝说："我爱你，一直到窗外的柳树上，一直到远远的山边。"爸爸说"我爱你，越过了小山，越过了海洋，一直到海的那边。"

小宝贝想，我只到过山边，却没见过海边，海的那边一定非常非常远。到底怎么样，才能比爸爸爱得更多呢？小宝贝想着想着就困了，他望着窗外，越过了柳树枝，看到了天空中弯弯的月亮。

哦，对呀，一定没有东西比月亮更远了。

小宝贝慢慢地闭上了眼睛，马上就要睡着了。在睡着之前，轻轻地说："爸爸，我爱你，一直到月亮那里。""一直到月亮那里，好远好远啊。"爸爸轻轻拍着小宝贝说："爸爸爱你，从这里到月亮那里，转个圈再回来。"

孕5月

和妈妈一起动脑筋

孕17周 外界的声音让我高兴

宝宝的本领

宝宝迅速长大，脂肪开始在皮下集聚，起到了很好的保暖和提供能量的作用。他非常顽皮，拥有了第一件玩具——脐带，他特别喜欢用手抓住脐带，而且有时会抓得特别紧，以至于只有少量氧气输送。

宝宝听觉器官发育得很好，耳朵里面的小骨架更结实，开始能听见妈妈的心跳声。

宝宝会练习呼吸了，通过胎盘吸收必需的氧气，所以胸部会一起一伏，肺部开始呼出羊水。

妈妈的变化

妈妈有时会感到腹部一侧有轻微的触痛，或有胃内积食、口干舌燥、耳鸣等不适，妈妈不要误以为是伤风引起的，妊娠也会有这样的表现。因为子宫迅速增大，两边的韧带和骨盆也在变化，以适应胎儿的成长。妈妈试着保持平和的心态，可以通过学习新东西来转移注意力。

本周胎教要点

营养胎教 到了这一周，宝宝的大脑开始成形，孕妈妈应多吃些健脑的食物，如新鲜水果、核桃、黑芝麻、小米以及海产品等，注意从饮食中充分摄入能促进大脑发育的食物，以帮助宝宝脑组织成长。

运动胎教 孕妈妈不能因困乏就产生“不想动”的想法。多运动便能呼吸到新鲜的氧气，排出身体的废物，提高身体的抵抗能力，从而生出一个健康宝宝来。

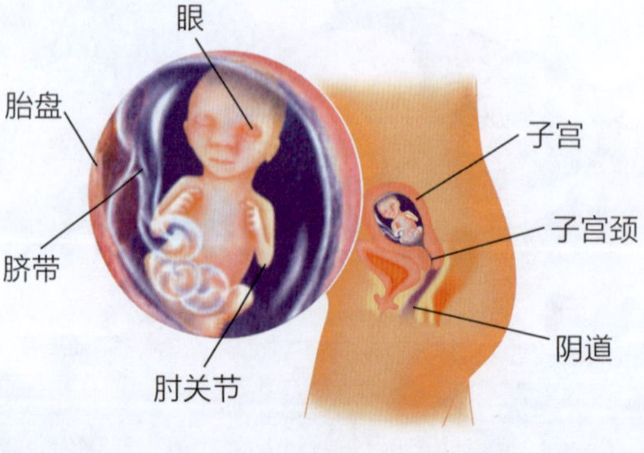

产科专家告诉你

孕妈妈如果感觉到胎动了，一定要记录下来，这是了解胎宝宝发育状况的最佳方法。

第113~114天

孕妈妈来做按摩吧

孕妈妈因有了宝宝，偶尔会有肩背疼痛的不适感。那么，赶快来按摩一下，缓解因疼痛而带来的烦躁心情吧！

按摩涌泉穴3次，每次4秒钟。

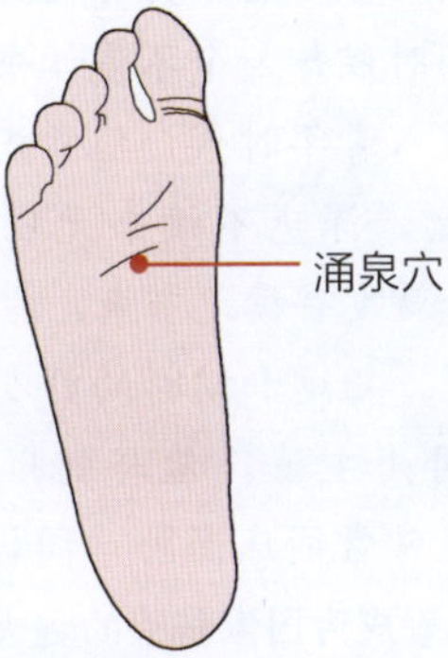

孕妈妈需要知道的穴位知识：

涌泉穴：

命名：涌，溢出的意思；泉，泉水。涌泉是指体内的肾经的经水从此处溢出体表。所以，称之为“涌泉”。

部位：属足肾经经脉的穴道。在足底前部的凹陷处，第二、三趾的趾缝和足跟连线的1/3处。

主治：孕妈妈经常按摩这个穴位，能缓解因妊娠而引起的腰酸背痛。

第115天

孕妈妈抬起双脚画个圆

宝宝现在已经在自己的位置上固定下来了，因此，孕妈妈完全可以适当地运动。

抬起双脚画圆

1 两手向后扶住地面，双腿并在一起尽量向上抬。

2 两腿同时在空中画圆。

第116天

妈妈唱儿歌：《兰花草》

兰花草这首歌的歌词本身就是一首朗朗上口的诗歌，曲子也非常欢快悦耳。孕妈妈哼唱着，肚中的宝宝说不定会拍手跟你呢。

我从山中来，带着兰花草。
种在小园中，希望花开早。
一日看三回，看得花时过。
兰花却依然，苞也无一个。

转眼秋天到，移兰入暖房。
朝朝频顾惜，夜夜不相忘。
期待春花开，能将夙愿偿。
满庭花簇簇，添得许多香。

第117天

成语故事：闻鸡起舞

今天，就给宝宝讲个有志之士发奋努力、及时振作的故事吧！这样的激励能让妈妈和宝宝都有勤快的意识呢。

晋代的祖逖是个具有远大抱负的人，可小时候却是个不爱读书的淘气孩子。进入青年时代，他意识到自己知识贫乏，深感不读书无以报效国家，于是就发奋读起书来。

后来，祖逖和幼时的好友刘琨一同担任司州主簿。他与刘琨感情深厚，不仅常常同床而卧，同被而眠，而且都有着成为国家栋梁的远大理想。

一次，半夜里祖逖在睡梦中听到公鸡的鸣叫声，他一脚把刘琨踢醒，对他说：“别人都认为半夜听见鸡叫不吉利，我偏不这样想，咱们干脆以后听见鸡叫就起床练剑如何？”刘琨欣然同意。

于是他们每天鸡叫后就起床练剑，剑光飞舞，剑声铿锵。春去冬来，寒来暑往，从不间断。功夫不负有心人，他们终于成为能文能武的全才，实现了报效国家的愿望。

第118~119天

营养胎教：准爸爸做海带排骨汤

宝宝的大脑开始成形了，营养很关键呢。孕妈妈因为怀孕，身体也是很需要补充营养的。准爸爸今天就为孕妈妈和宝宝做一道营养又美味的海带排骨汤吧！

准妈妈可以在旁边当帮手，也可以将做的过程讲给宝宝听，让宝宝也参与进来，吃饭也吃得更香呢。

海带排骨汤

材料 水发海带200克、排骨500克、蜜枣2颗、黄豆60克。

调料 姜片、盐、鸡粉、香油各适量。

做法

1.将水发海带洗净，切成丝；黄豆洗净，提前一夜浸泡至发涨。

2.排骨洗净血水，切成3厘米长的段，放入沸水中煮11分钟，捞出来。

3.将海带丝、排骨段、蜜枣、黄豆、姜片全部放入汤煲中，加上适量清水，用大火煲半小时，再转小火煲2小时，最后放入盐、鸡粉调味，滴上几滴香油即可。

温馨提示

- 补脑食物大集合：深绿色蔬菜、鱼类、全麦制品、糙米、大蒜、鸡蛋、豆类及豆制品、核桃、芝麻、水果。

产科专家告诉你

海带中含丰富的钙、磷、碘等营养物质。排骨中含有大量的蛋白质、脂肪及钙、磷等。常食此菜，对孕妇有补虚利水、强壮筋骨的作用。对宝宝的大脑发育也有益。

孕18周 我更喜欢运动了

宝宝的本领

这时宝宝进入了最活跃的阶段，一刻不停地翻转、扭动以及拳打脚踢着。宝宝的心脏运动变得活跃起来，借助听诊器，孕妈妈就能听到宝宝的心音了。

宝宝如果是女孩，她的阴道、子宫、输卵管都已经长成，各就各位；如果是男孩，生殖器官也已经清晰可见了。

妈妈的变化

孕妈妈的子宫在不断变大，身体的重心也在发生变化，孕妈妈有时候会感觉行动不便，宝宝的存在感也越来越强烈了。

孕早期的不适已经过去，家里人都把孕妈妈作为重点保护对象，各种美味源源不断，而孕妈妈要学着吃得营养，吃得健康。

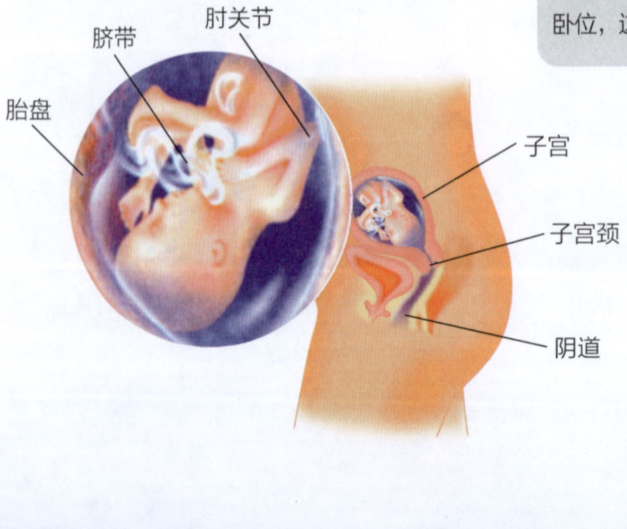

本周胎教要点

营养胎教 钙质是孕妈妈容易缺乏的营养素，而宝宝体内的钙质约有30%来自孕妈妈。为了宝宝的骨骼健康，孕妈妈要有充分的钙储备。在孕中期应多吃含钙量高的食物，如有必要，可以适量吃些钙片。

音乐胎教 如果父母会弹奏乐器，可以为宝宝表演，也可直接播放磁带或唱片，这样能给宝宝创造最需要的音乐胎教环境。

运动胎教 孕妈妈和宝宝在这周都是比较安全的，孕妈妈可以放心地到外面走走，呼吸新鲜空气，享受风和日丽。

产科专家告诉你

孕妈妈腹部明显增大，身体重心前移，最好穿平底布鞋，以保持身体平衡。孕妈妈脚踝会有些肿胀，要选择鞋帮松软的鞋子。鞋子最好有较深的防滑纹，以免滑倒。在怀孕期间，正确的睡眠姿势是左侧卧位，这能保证孕妈妈和宝宝的健康。

第120~122天

孕妈妈学折百合花

今天，孕妈妈来折百合花吧。你可以折出不同颜色的百合花，并在上面写下对宝宝的祝福。折好后可以找一根带叉的树枝，长短要适合放到玻璃杯里，用细铁丝将花朵缠在树枝上，然后将“开满”鲜花的树枝放进玻璃杯里，用来装点居室，让你的家变得更加多彩和温馨。制作完成啦，快跟胎宝宝秀一秀吧！

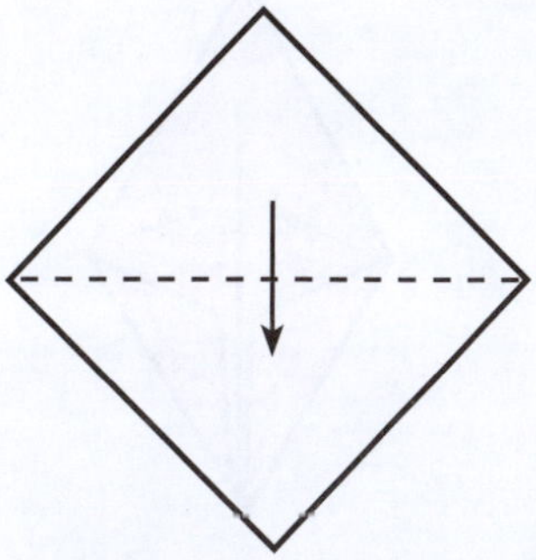

1 将正方形的纸对角折。

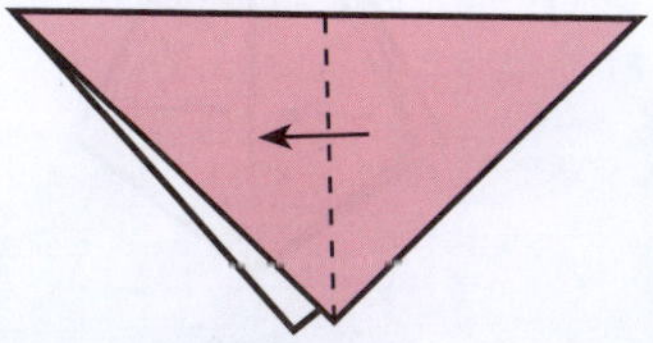

2 再对角折。

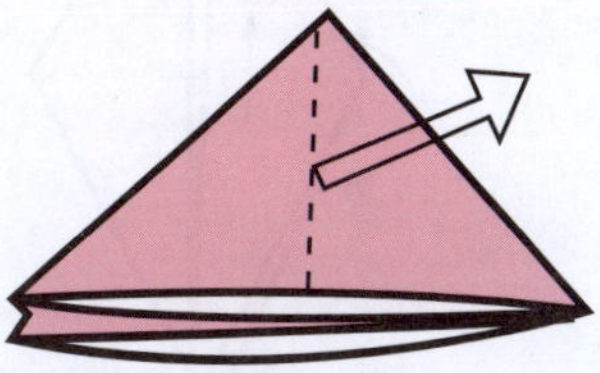

3 拉开上层袋子。

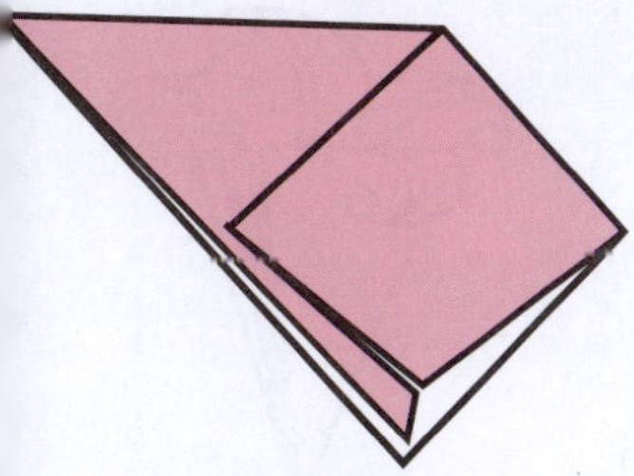

4 背面折法相同。

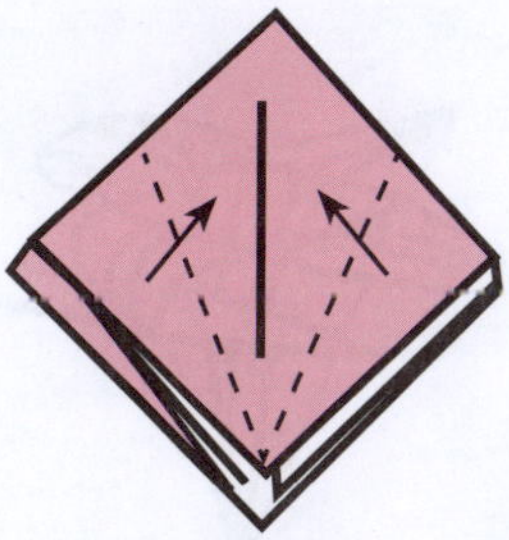

5 集中一角折，背面相同。

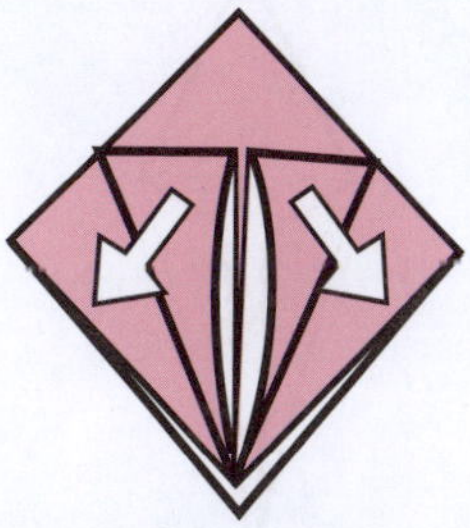

6 打开，背面相同。

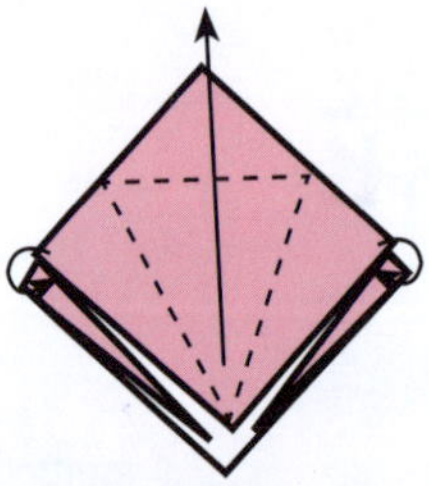

7 按照折痕，打开袋子向上拉，左右两边向中心线折。

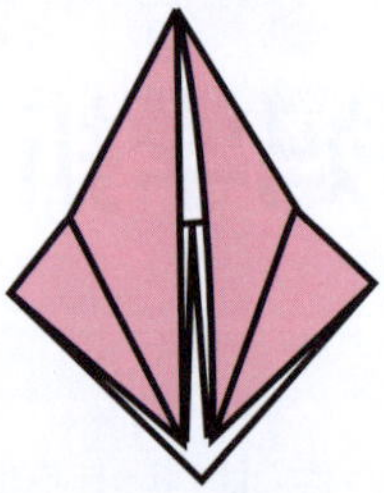

8 背面折法相同。

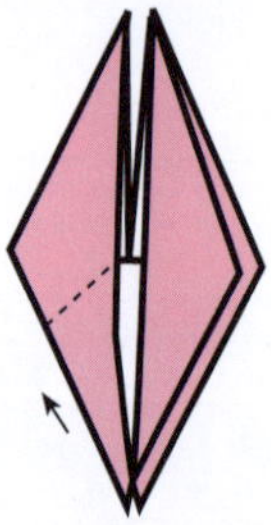

9 完成双棱形。

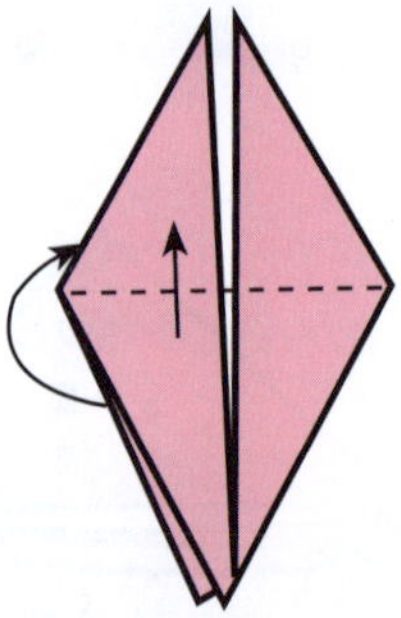

10 将双棱形下面的两角向上折。

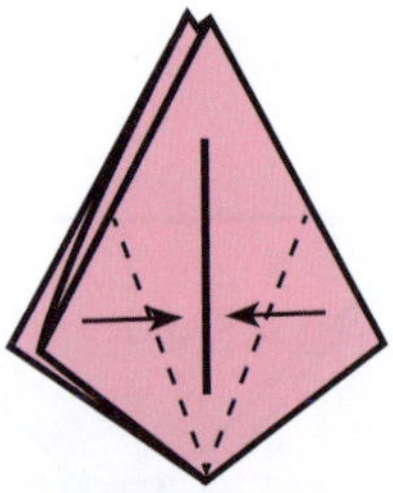

11 两侧沿着虚线向中心折。

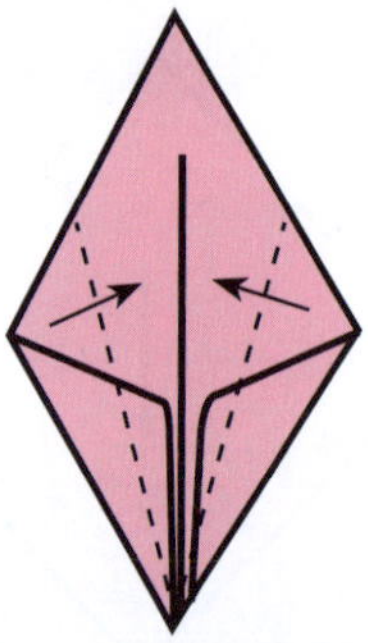

12 再向中心线折。

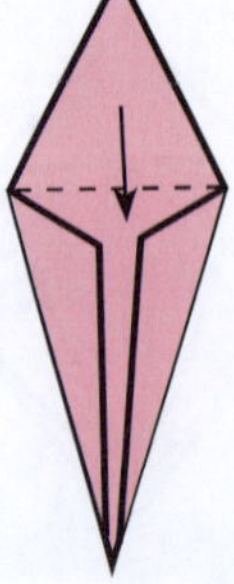

13 向下折，其他三片也一样。

14 把花瓣尖端用笔卷一卷。

15 完成。

第123~124天

折只千纸鹤吧

今天，教孕妈妈折千纸鹤，为宝宝许下美好心愿。

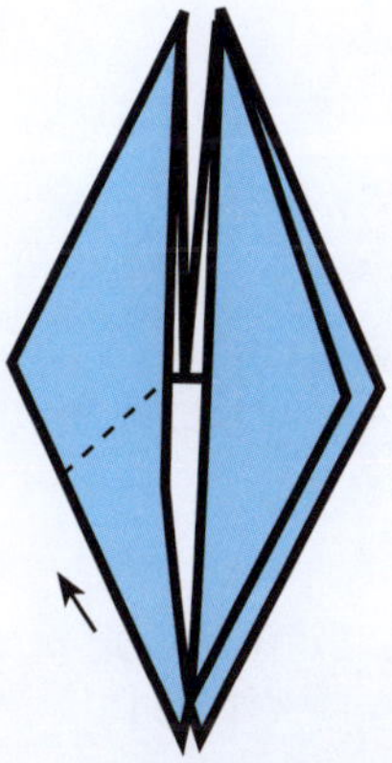

1 将纸折成双棱形，再压折出颈部。

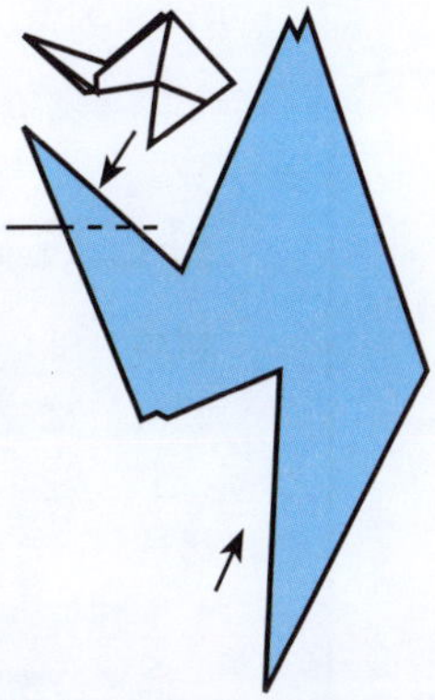

2 压折头部和尾部。

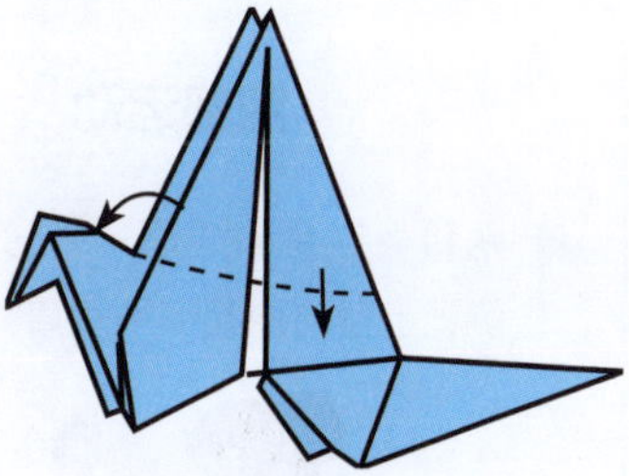

3 两角向下折成翅膀。

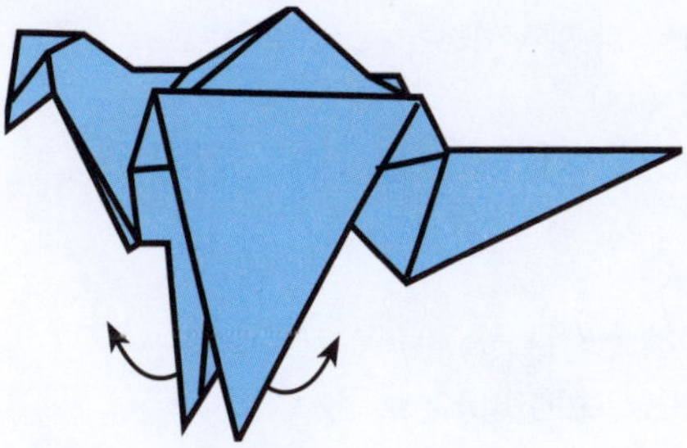

4 翅膀向上拉平。

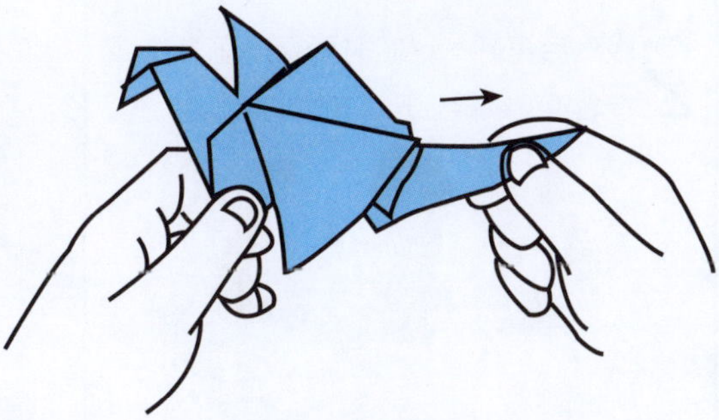

5 向后拉动尾部，千纸鹤的翅膀就动起来了。

第125天

孕妈妈做做运动吧

今天，孕妈妈来做做胸部运动，锻炼锻炼胸部和背部的肌肉吧！孕妈妈多做点恰当的运动，宝宝的四肢能更灵敏。

胸部运动

1 两臂各自弯曲成直角并分开到身体两侧，上臂与地面保持垂直。

2 吸气后再呼气，同时两臂向前并拢，接着再继续做分开、并拢的动作。

第126天

营养胎教：补钙

宝宝的骨骼正在生长，很需要补充足够的钙质。今天，准爸爸就下厨为妈妈宝宝做点补钙的食物吧！

虾仁豆腐

材料 虾仁100克、豆腐1块。

调料 植物油、料酒、葱花、姜末、酱油、盐、淀粉各适量。

做法

1.将虾仁洗净，用料酒、葱花、姜末、酱油和淀粉腌片刻；豆腐洗净，切丁。

2.锅内放少许植物油烧热，放入虾仁大火快炒，再放入豆腐翻炒，加盐调味即可。

清汤羊肉

材料 羊腿肉400克、白萝卜500克、山药50克。

调料 胡椒粒、当归、枸杞、姜末、盐、鸡精各适量。

做法

1.将羊腿肉洗净，切块，在沸水中焯烫，捞出，用清水洗净备用。

2.白萝卜洗净，切块；山药去皮，洗净，切块。

3.锅中加适量水，放入羊肉块，大火煮沸，撇去浮沫，加入白萝卜、当归、山药、枸杞、姜末，小火煮至酥烂，放入胡椒粒，加盐、鸡精调味即可。

孕19周 五官在不断发育

宝宝的本领

宝宝的皮肤腺体会分泌出胎儿皮脂，有防水功能，能防止宝宝的皮肤在羊水中过度浸泡。

宝宝的肠胃开始分泌胃液，能帮助吸收羊水。

宝宝的胸脯会不时地鼓起来、陷下去，这是宝宝在呼吸呢。要注意的是，此时，宝宝口腔里流动的是羊水，还不是空气。

宝宝的感觉器官，如味觉、嗅觉、触觉、视觉和听觉开始在大脑中专门的区域发育。此时的宝宝最适宜进行感官胎教。

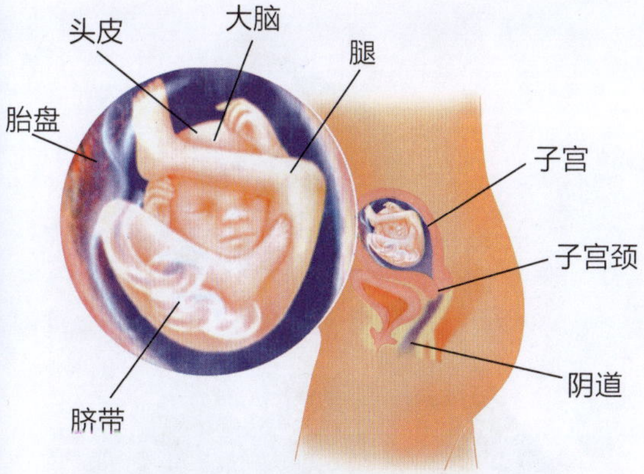

产科专家告诉你

孕妈妈为了宝宝和自己的健康，整个孕期需要1000毫克的铁，单从食物中获取远远不够。孕妈妈应该在妊娠中后期每天补充10毫克，每天总量达25~35毫克。

妈妈的变化

孕妈妈的身体因承担着额外的负担，而变得特别容易疲倦，白天就会很困乏，夜晚睡觉时间也拉长，还不时会感到头晕乏力。在这种情况下，孕妈妈不要做太多事，想睡就睡，尽量保持高质量的睡眠。此外，孕妈妈也可以通过聊天、按摩、听胎教音乐、散步等方法来减轻疲倦、恢复精力。

孕妈妈在这周的新陈代谢会加快，血流量明显增多。大量的雌激素会使少数孕妈妈的脸上出现黄褐斑和黑斑，孕妈妈不要焦急，这是为了健康的宝宝必须的付出。孕妈妈要注重内在调养，避免外界的干扰，以保证自己和宝宝的健康。

本周胎教要点

光照胎教 这一周，宝宝对光线越来越敏感。孕妈妈可以在宝宝醒时进行视觉功能训练，即用手电筒照照腹部，以扩大宝宝的视觉范围。

美育胎教 欣赏一幅名画、制作一幅刺绣、学着做剪纸、插花等，孕妈妈将对美的事物的理解及时传达给腹中的宝宝。

运动胎教 到了这周，宝宝的情况已基本上稳定，此时孕妈妈应主动做一些合理、适度的运动，以控制体重，提高自身的抵抗力，改善妊娠中的不适。

第127天

神奇的手电筒

宝宝在妈妈的肚子中不断成长，现在对光线越来越敏感了。今天，孕妈妈就可以在宝宝醒着的时候进行视觉功能训练，这对宝宝的视觉发育很有帮助。

训练方法：

方法一： 每天用手电筒紧贴孕妈妈腹部，照射胎宝宝的头部，每次持续5分钟左右。结束时，可以关闭、开启手电筒数次。

方法二： 孕妈妈可以在天气晴朗的时候，找一个阳光充足、适宜的地方晒晒肚皮，这样也能帮助宝宝感受光线，还能补充一定的维生素D。

温馨提示

- 进行光照胎教，可以扩大宝宝的视觉范围，帮助宝宝强化昼夜交替的周期规律，还能促进宝宝神经反射的发展。
- 进行光照胎教时，尽量记录下宝宝的反应。
- 宝宝是非常娇嫩的，不要用强光，也不要照射时间过长。

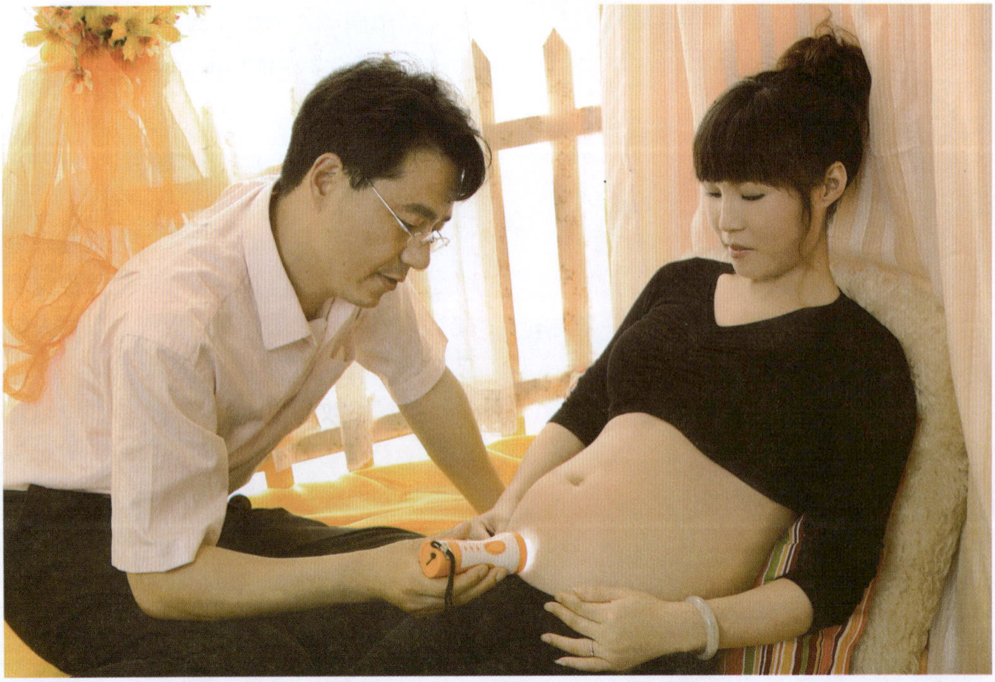

第128~129天

《永无鸟》（一）

从今天开始，孕妈妈给宝宝讲讲彼得·潘的故事吧！先讲彼得·潘被困在礁湖中，永无鸟冲破重重障碍奋力搭救的故事。永无鸟是怎么救彼得·潘的？有没有成功呢？

礁湖上只剩下彼得一人了，在这之前，他最后听到的声音，是人鱼回到海底寝室时的响动。因为距离太远，他听不到关门的声音。不过，她们居住的珊瑚窟，门上都有小铃，开门关门时都要发出叮当声，这铃声彼得听到了。

海水渐渐涨上来了，正一小口一小口地吞噬彼得的脚；在海水把他整个吞没以前，为了消磨时间，他凝视着漂游在礁湖上的唯一一件东西。他想那大概是一张漂浮着的纸片，或许是那风筝的一部分。他闲得无聊，估算着那东西漂到岸边需要多少时间。

忽然，他发现这东西有点异样，它来到湖上肯定是带有某种目的的，因为，它正在逆浪而行，有时还战胜了海浪。每次它战胜时，总是同情弱者的彼得，就忍不住拍起手来：好勇敢的一张纸片。

其实，那不是一张纸片，那是永无鸟。她正坐在巢上拼命努力向彼得划来。自打她落到水上以后，她就学会了用翅膀划水，居然也能勉强行驶她那只奇异的小船了。可是，在彼得认出她来时，她已经非常疲乏了。她是来救彼得的，她要把巢让给他，尽管巢里头有卵。这鸟是有点怪，因为，彼得虽然待她好，可有时也折磨她。我只能猜想，这鸟大概也像达林太太等女人一样，看到彼得一口乳牙未换，就动了慈悲心吧。

那鸟向彼得大声说，她来是为了什么；彼得也大声问那鸟，她在那儿干什么；不过，当然他们彼此都听不懂对方的话。在幻想故事里，人可以和鸟自由交谈。我真愿设想，在这个故事里，事情正是这样：彼得可以和永无鸟随意问答。但最好还是实话实说，我只想说实际上发生的事情。那就是，他们不但彼此听不懂，连礼貌都忘记了。

第130~131天

《永无鸟》（二）

永无鸟将卵丢进鸟巢里。此时的彼得·潘才终于明白了永无鸟的帮助之意。

“我——要——你——到——巢——里——来，”那鸟叫道，尽量说得慢些，清楚些，“那——样，你——就——可——以——漂——到——岸——上——去……可——是——我——太——累——了，不——能——再——靠——拢——你，你——得——想——法——自——己——游——过——来。”

“你叽叽喳喳地叫些什么呀？”彼得回答说，“你为什么不像往常一样，让你的巢随风漂流？”

“我——要——你——”鸟说，又重复了一遍刚才的话。

接着，彼得也又慢又清楚地说：

“你——叽——叽——喳——喳——地——叫——些——什——么——呀？”

永无鸟烦躁起来了，这种鸟脾气是很急的。

“你这个呆头呆脑、罗里罗嗦的小傻瓜，”她尖声叫道，“你为什么不照我的吩咐去做？”

彼得觉出了她是在骂自己，于是他气冲冲地回敬了她一句：

“骂你自己呢！”

然后说也奇怪，他们竟互相对骂起同一句话来：

“闭嘴！”

“闭嘴！”

不过，这鸟决心尽力救彼得，她作了一次最后的努力，终于使巢靠上了岩石。然后她飞了起来，丢下了她的卵，为的是使她的用意明了。

彼得终于明白了，他抓住了鸟巢，向空中飞着的鸟挥手表示谢意。永无鸟在空中飞来飞去不是为了领受他的谢意，也不是要看他怎样爬进巢里，她是要看看他怎样对待她的卵。

巢里有两只大白卵，彼得把它们捧了起来，心里盘算着。那鸟用翅膀捂住了脸，不敢看她的卵的下场，可她还是忍不住从羽毛缝里窥望。

第132~133天

孕妈妈多动动

孕妈妈不要老坐着或躺着，很容易出现郁闷情绪的。其实，孕妈妈是可以多动动，舒缓舒缓情绪。

转动腰部

1 两腿向前，完全伸直并分开，脚腕向上弯曲，挺直背部并保持此坐姿。

2 转动身躯向后看，左右两个方向交换。（此动作可松弛肋部肌肉。）

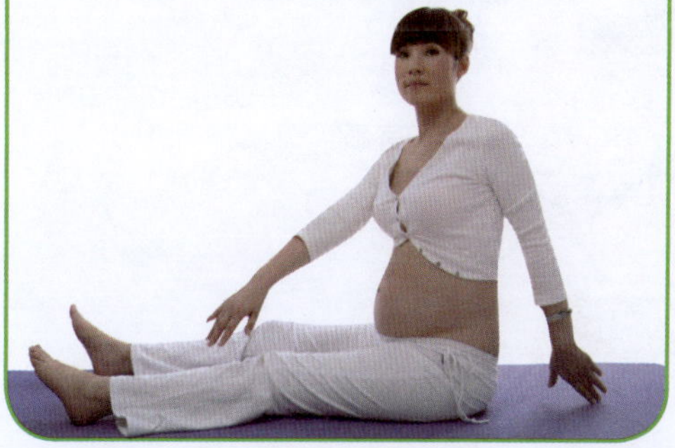

前后推动骨盆

1 两腿分开，与肩同宽，保持站姿并稍稍弯曲膝盖。

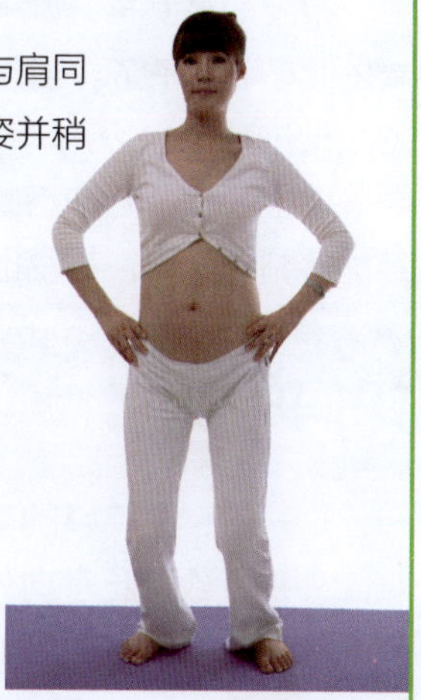

2 上身保持不动，用力向前推骨盆，再用力向后退。

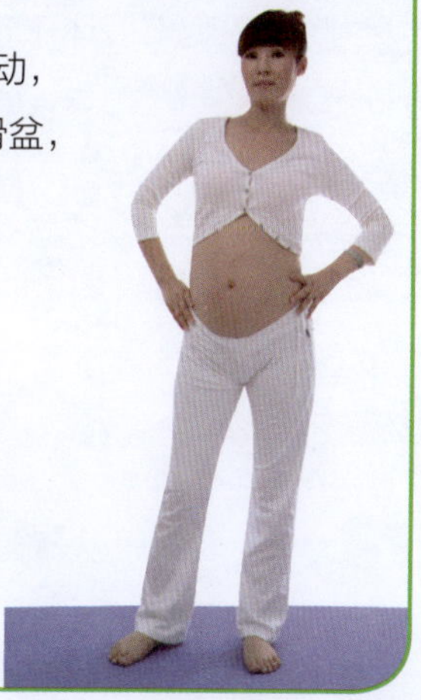

孕20周 我能识别妈妈的声音了

宝宝的本领

宝宝的听觉器官发育得很好，能听到外面的声音了，并且还能识别妈妈的声音。

这周的宝宝在不停地运动，时不时地做些翻滚动作，有时宝宝的动作幅度会很大，很可能闹得妈妈睡不着觉。

宝宝如是女孩，她的卵巢里大约已经有200万个卵子了。当宝宝出生后，卵子的数量仅剩下100万个。

宝宝现在开始能吞咽羊水了，肾脏已经能够制造尿液，头发也迅速生长。

妈妈的变化

这一周，孕妈妈的子宫日渐增大，将腹部外挤，致使肚子向外膨胀，腰部曲线完全消失。孕妈妈的腹部已经适应了逐步增大的子宫。

膨大的腹部破坏了整体的平衡，使人容易疲劳，还伴有腰痛。孕妈妈在日常生活中，应学会休息，多呼吸些新鲜空气，多活动身体。

到了这周，孕妈妈能明显感受到宝宝的运动，可以让准爸爸帮助数数胎动，感受宝宝的生命力。

宝宝一天天长大，孕妈妈要将更多的注意力放到增强营养上，要保证营养均衡，但切忌饮食过量。

本周胎教要点

营养胎教 孕中期要注意补铁，多吃瘦肉、鱼虾等食物，有助于补充血红蛋白，改善和纠正贫血，保证妈妈的营养充足，宝宝也会从中受益。

美育胎教 孕妈妈可以读一读优美的散文或诗，或者去看看画展，感受艺术的无边魅力，带给宝宝美的享受。

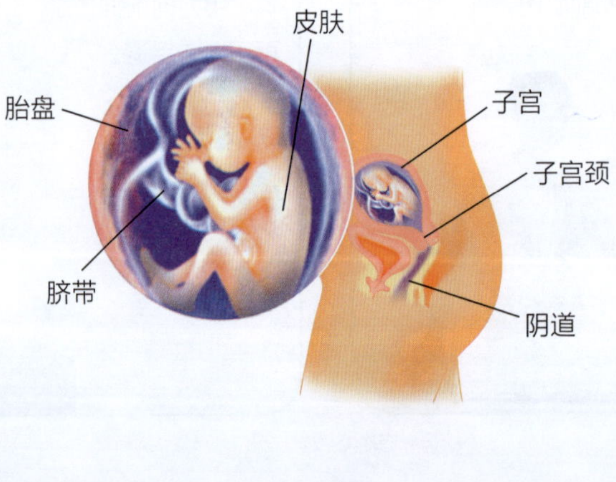

第134~136天

名画欣赏：《睡莲》

睡莲是印象派大师莫奈晚年的作品。

莫奈擅长光与影的实验与表现技法，能在垂直的平面上描绘出波光粼粼的水面，且有向远处延伸的视觉效果。

看到这幅画，孕妈妈是不是已经感到驻足在池塘旁边，还可以想到“接天荷叶无穷碧，映日荷花别样红”的美好意境呢？

宝宝感受到如此浓烈的色彩，是不是也在妈妈的肚子中做了些小动作呢！

第137天

音乐胎教：《儿时情景》

《儿时情景》是德国作曲家罗伯特·舒曼的作品。这首曲子，旋律非常悠扬迷人，孕妈妈不妨找来听听。

什么时间听

宁静的清晨或黄昏，也可以在夜间入睡前。

怎么听

孕妈妈可以在听这首曲子的时候，给宝宝讲讲自己小时候的趣事，这样也能增加妈妈与宝宝之间的互动呢。

关于这首曲子

这首《儿时情景》由13首小曲组成。每一首的曲子都比较短，但旋律十分迷人。曲子中有欢快，有孩子似的天真，也有想象不到的新奇。听着这些音符，你的思绪会在不知不觉中被拉回童年，回到那无忧无虑的美好时光……

第138天

妈妈变出小动物：小狗

手指功能越来越多、越来越细，孕妈妈多动动手指，能强化大脑的功能，宝宝也会受益匪浅呢。

栩栩如生的小狗

第139~140天

闪光卡片胎教：山、水、日、月、人

今天，孕妈妈在五张卡片上写上“山”“水”“日”“月”“人”，教宝宝认汉字吧！

将“山”“水”“日”“月”“人”这五个字分别写在五张卡片上。

孕妈妈可以再取五张卡片，分别画出山、水、日、月、人的形状，放在字的旁边。

孕妈妈一遍遍在脑海中再现有“山”“水”“日”“月”“人”的景象，再出声朗读，还可以看着画有山川、河流、太阳、月亮、人的卡片，让宝宝感受到你的脑海中思维的波动，这很容易引起宝宝的反应哦！

孕6月

妈妈能感觉到我在动了

孕21周 摸摸自己的小脸蛋

宝宝的本领

这周结束时，宝宝的消化系统更为健全，能够从吞下的羊水中吸收水分。

宝宝的感觉器官天天在发育，舌头上的味蕾已经形成，脑部和神经终端发育良好，已经能感受到触觉了。

宝宝在这周除了吸吮自己的手指外，还会用手抚摸自己的脸蛋。

宝宝的皮肤呈红色并起皱，胎毛变成了浓密的毛发，脑细胞也逐渐形成，这意味着宝宝越来越聪明了。

妈妈的变化

孕妈妈特别容易感到疲劳，腰部疼痛，尤其是在爬楼梯时，走不了几级就气喘吁吁的。妈妈不要沮丧，这是宝宝试图引起你的注意呢。孕妈妈最好要减少不必要的过重劳动。

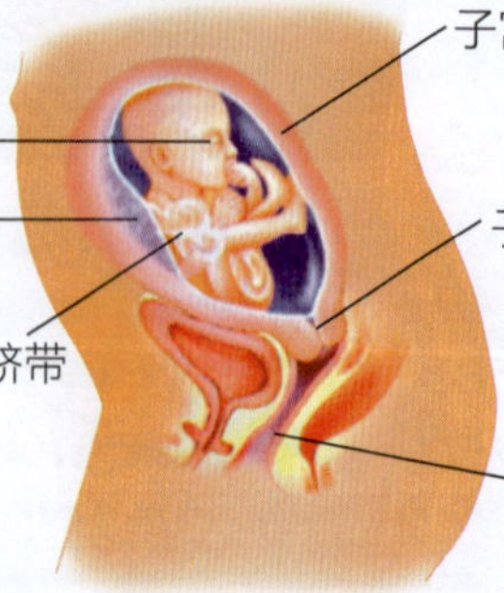

这周是整个妊娠期中最为舒适而安全的时期，发生阴道出血、流产之类异常情况的概率很低。孕妈妈保持愉快的心情，准备迎接宝宝的到来吧！

本周胎教要点

营养胎教 到了这周，宝宝的恒牙胚在乳牙胚的深部开始发育，要多补充蛋白质、钙质、维生素A、维生素C、维生素D等，以让宝宝的牙齿发育得更好。

情绪胎教 孕妈妈如果白天遇到了烦心事，晚上不要总是在心中盘算、懊恼、担心，要想得开、放得下，心境平和，没有杂念，才能有效避免不良情绪。

运动胎教 这一周，宝宝的肌肉、骨骼生长迅速，需氧量会加大。每天清晨或傍晚，孕妈妈最好能去户外活动一下，呼吸呼吸新鲜空气，有助于增强宝宝的活力，培养宝宝的灵性。

第141天

营养胎教：准爸爸做益牙菜

孕妈妈肚子中的宝宝现在开始长恒牙了。准爸爸今天就下厨做些能对孕妈妈和宝宝牙齿都有益的美味菜吧！

鲫鱼丝瓜汤

材料 鲫鱼1条，丝瓜200克。

调料 姜片、盐各适量。

做法

1.将鲫鱼收拾干净，冲洗净，切小块。

2.丝瓜去皮，洗净，切成段，与鲫鱼一起放入锅中。

3.最后放入姜片，先用大火煮沸，再改用小火慢炖至鱼熟，加适量盐调味即可。

小米鸡蛋牛奶粥

材料 小米100克，鸡蛋2个，牛奶200毫升。

调料 红糖适量。

做法

1.小米淘洗干净。

2.将锅置火上，放入适量清水、小米，先用大火煮沸，转用小火熬煮至粥浓，打入鸡蛋，然后将鸡蛋打散，略煮，加上牛奶搅匀，再加少量红糖调味即可。

第 142 天

笑一笑：听话不听话

今天，轻松一下，来读几个笑话，孕妈妈不要大笑啊，因为宝宝喜欢妈妈的微笑，而突然的大笑会让宝宝感到不安。

两个笨蛋

父亲教儿子学算术：“一加一是多少？”

儿子：“不知道。”

父亲：“是两个，笨蛋！知道了吗？”

儿子：“知道了。”

父亲：“那么，我和你，加起来是几个人？”

儿子：“是两个笨蛋！”

听话不听话

妈妈：“儿子你在学校还听话吧？”

儿子：“嗯。”

妈妈：“学校管那么严，你没哭吧？”

儿子：“开玩笑，我这么坚强，老师倒是哭了好几次。”

妈妈：“……”

大的和小的

晚上，3岁的爱尔克躺在床上。

她请求母亲：“妈妈，给我一只苹果吧！”

“孩子，太晚了，苹果已经睡觉了。”

“不，小的也许睡了，但大的肯定还没呢！”

猜谜语答案：（P96题目）

1.手指 2.瓜子 3.衣帽架 4.袜子 5.绵羊 6.西瓜 7.藕 8.雨 9.蒜 10.辣椒 11.手套

第143~144天

书法欣赏：《圣教序》

今天，请孕妈妈来欣赏一下王羲之的《圣教序》，以便让心境平和下来。

王羲之，东晋书法家，吸收前人书法的精华，独创一家，擅长楷书、行书和草书。他的字端秀清新，飘若浮云，矫若惊龙。

对书法有兴趣的孕妈妈还可以练练毛笔字，看到字迹越变越好，心情更会不由自主地高兴起来。

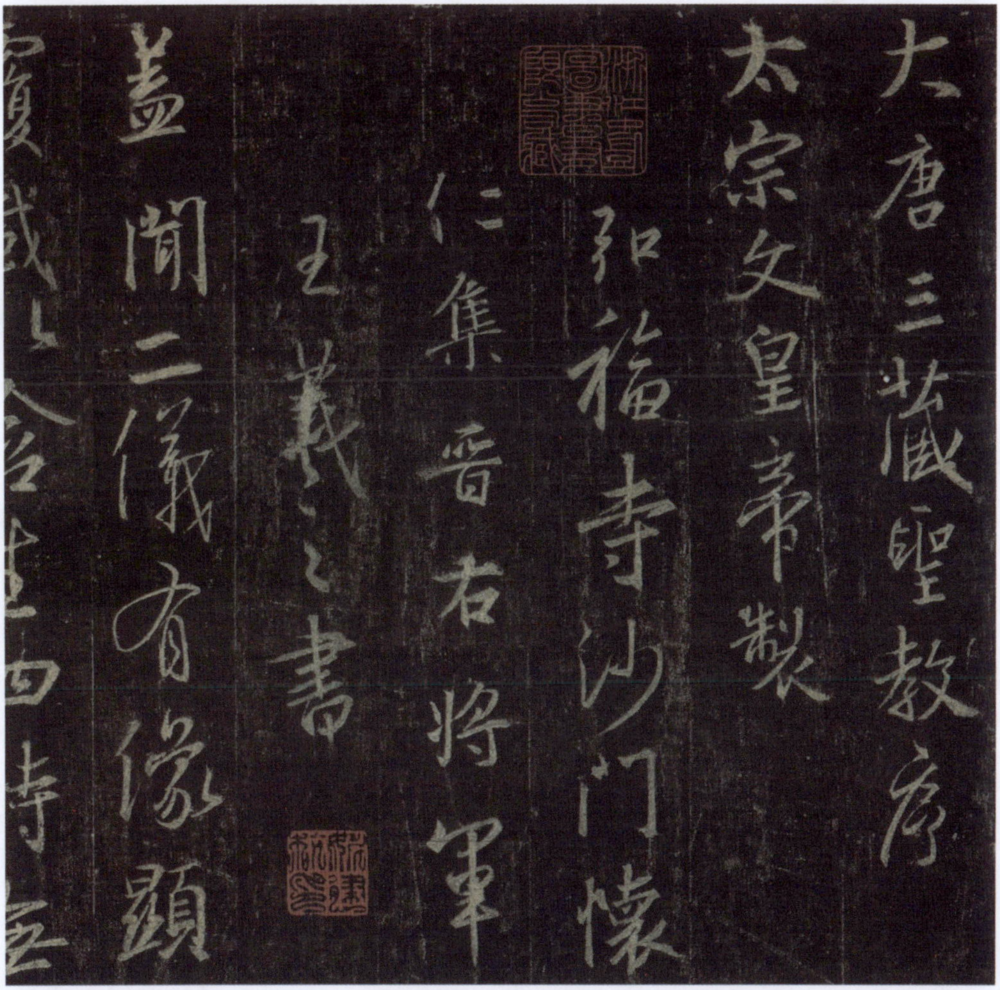

第145~147天

妈妈宝宝猜谜语（二）

这两天，妈妈动动脑子，猜猜下面这些谜语。妈妈动脑，宝宝也思考，齐心协力地完成吧！等妈妈猜好了谜语，可以翻到答案的页面进行核对！孕妈妈猜完后，还可以出题目给准爸爸，一家三口共同分享猜谜语的乐趣。（参考答案见P94）

1 五个兄弟，住在一起，名字不同，高矮不齐。（打一物）

2 一个黑孩，从不开口，要是开口，掉出舌头。（打一物）

3 人脱衣服，它穿衣服，人脱帽子，它戴帽子。（打一物）

4 两只小口袋，天天随身带，要是少一只，就把人笑坏。（打一物）

5 身穿大皮袄，野草吃个饱，过了严冬天，献出一身毛。（打一动物）

6 身穿绿衣裳，肚里水汪汪，生的子儿多，个个黑脸膛。（打一食物）

7 白胖娃娃泥里藏，腰身细细心眼多。(打一植物)

8 千条线，万条线，掉到水里看不见。(打一自然现象)

9 兄弟七八个，围着柱子坐，大家一分家，衣服就扯破。(打一植物)

10 红口袋，绿口袋，有人怕，有人爱，爱它是样好小菜，怕它吃到嘴里眼泪来。(打一植物)

11 十个客人十间屋，冷了进去暖了出。(打一物)

孕22周 红红皱皱的“小老头”

宝宝的本领

宝宝的指甲已经完全形成了，并在继续生长，会时不时地用手指碰碰脸颊。

宝宝的大脑从这周开始迅速发育，特别是位于脑中心产生脑细胞的生发基质，这意味着宝宝变得更加有智慧了。

宝宝由于体重依然偏小，皮肤仍然是皱的、红红的。宝宝的褶皱为皮下脂肪的生长留下了余地，方便宝宝继续生长。

妈妈的变化

第22周的孕妈妈身体越来越重，并且在迅速增长，孕妈妈在做稍微重点儿的劳动时，就会感到呼吸困难。孕妈妈不要焦急，要避免重体力劳动，做些力所能及的事情，保持愉快的心情。

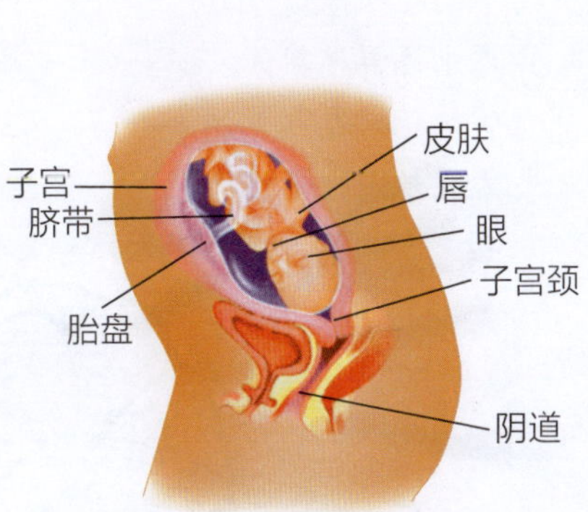

由于孕激素的作用，孕妈妈的手指、脚趾和全身关节韧带会变得松弛，因而会觉得不舒服。此时的孕妈妈应该多活动活动关节，缓解不适感。

本周胎教要点

情绪胎教 孕妈妈要开始为迎接宝宝做心理准备了，用你浓浓的爱来感受宝宝的变化，宝宝就会通过感官接收到健康的、积极的、乐观的信息。

语言胎教 孕妈妈和准爸爸要常常呼唤宝宝的名字，和宝宝多说话，可以把父母的爱意传递给宝宝，促进爸爸妈妈和宝宝的情感交流与互动。

美育胎教 优美的景色会让孕妈妈感到愉悦，精神会得以放松，这种状态对宝宝来说也是很好的享受。

产科专家告诉你

当孕妈妈受到精神刺激时，自主神经系统活动会加剧，释放出乙酰胆碱等化学物质和某些激素，这些物质通过血液由胎盘进入宝宝体内，影响宝宝的正常发育。所以，孕妈妈要保持愉悦的心情。

第 148 ~ 150 天

我们仨的幸福胎教时光

科学研究早就发现，如果胎儿时期就开始接受教育，出生后的宝宝思维反应敏锐，接受能力强，学习成绩优秀。但是，胎宝宝也有作息规律，无休止的胎教会累坏胎宝宝，所以各种胎教最好交叉进行。

在轻松的环境下，学习东西会非常快，胎宝宝也是一样。所以，孕妈妈要保持情绪的愉悦和放松，坚持欣赏美妙的音乐，并将你所看到的、听到的与胎宝宝分享，这将有利于胎宝宝的健康发育。

《雪绒花》调子优美，孕妈妈可以多哼唱，让胎宝宝早早熟悉一下英语环境，对胎宝宝将来的学习也很有帮助。

Edelweiss

Edelweiss, edelweiss,
Every morning you greet me.
Small and white,
Clean and bright,
You look happy to meet me.
Blossom of snow may you bloom
and grow,
Bloom and grow forever,
Edelweiss, edelweiss,
Bless my homeland forever.

雪绒花

雪绒花，雪绒花，
每天清晨迎接我。
小而白，
纯又美，
总很高兴遇见我。
雪似的花朵深情开放，
愿永远鲜艳芬芳。
雪绒花，雪绒花，
为我祖国祝福吧。

第151~152天

诗歌欣赏：《致云雀》（一）

今天，来读读雪莱的《致云雀》！这首诗节奏短促，轻快，流畅，激昂；节与节之间环环相扣，层层推进，极具艺术感染力。让宝宝也感受一下诗中传达的欢乐、光明和美丽的信息吧！

你好呵，欢乐的精灵！
你似乎从不是飞禽，
从天堂或天堂的邻近，
以酣畅淋漓的乐音，
不事雕琢的艺术，
倾吐你的衷心！

向上，再向高处飞翔，
从地面你一跃而上
像一片烈火的青云，
飞入蔚蓝的穹苍，
永远歌唱着飞翔，
飞翔着歌唱！

地平线下的太阳，
放射出金色的电光，
晴空里霞蔚云蒸，
你沐浴着明光飞行，
似不具形体的喜悦刚开始
迅疾的远征！
淡淡的紫色昏暝，
在你的航程周围消融，
像昼空里的星星，
虽然不见形影，
却可以听得清你那欢乐的
强音——
那犀利无比的乐音，
似银色星光的利箭，
它那强烈的明灯，
在晨曦中暗淡，
直到难以分辨，却能感觉
到就在空间！

整个大地和大气，
响彻你婉转的歌喉，
仿佛在荒凉的黑夜，
从一片孤云背后，
明月射出光芒，清辉洋溢
宇宙。

我们不知，你是什么
什么和你最为相似，
从霓虹似的彩霞，
也降不下这样美的雨，
能和当你出现时降下的乐
曲甘霖相比。

像一位诗人，隐身
在思想的明辉中，
吟诵着即兴的诗韵，
直到普天下的同情，
都被未曾留意过的希望和
忧虑唤醒。

像一位高贵的少女，
居住在深宫的楼台，
在寂寞难言的须臾，
派遣她为爱所苦的情怀，
甜美有如爱情的歌曲，溢
出闺阁之外。

像一只金色的萤火虫，
在凝露的深山幽谷，
不显露它的行踪，
把晶莹的流光传播
在遮断我们视线的芳草鲜
花丛簇。

像一朵让自己的绿叶
荫蔽着的玫瑰，
遭受到热风的摧折，
直到它的芳菲
以过浓的香甜使鲁莽的飞
贼沉醉。

第153~154天

诗歌欣赏：《致云雀》（二）

今天，将《致云雀》的下半段读完吧！在雪莱的笔下，云雀的歌声比春雨洒落的清音、婚礼上的合唱和胜利的歌声都欢乐、美妙、丰盛。妈妈和宝宝一起来感受一下吧。

晶莹闪烁的草地，
春霖洒落的气息，
雨后苏醒的花蕾，
称得上明朗、欢悦、
清新的一切，都不及你的
音乐。

飞禽或是精灵，有什么
甜美的思绪在你心头？
我从没有听到过
爱情或是醇酒的颂歌
能够迸涌出这样神圣的极
乐音流。

赞婚的合唱也罢，
凯旋的欢歌也罢，
和你的乐声相比，
不过是空洞的浮夸，
人们可以觉察，其中总有
着贫乏。

什么样的物象或事件，
是你欢乐乐曲的泉源？
什么田野、波涛、山峦？
什么空中陆上的形态？
是你对同类的爱,还是对痛
苦的绝缘？
有你明澈强烈的欢快，
倦怠永不会出现，
烦恼的阴影从来
近不得你的身边，
你爱。却从不知晓过分充
满爱的悲哀。

是醒来或是睡去，
你对死的理解一定比
我们凡人梦想到的
更加深刻真切，否则
你的乐曲音流，怎能像液
态的水晶涌泻？

我们瞻前顾后，为了
不存在的事物自扰，
我们最真挚的笑，
也交织着某种苦恼，
我们最美的音乐是最能倾
诉哀思的曲调。

可是，即使我们能摈弃
憎恨、傲慢和恐惧，
即使我们生来不会
抛洒一滴眼泪，
我也不知，怎样才能接近
于你的欢愉。

比一切欢乐的音乐
更加甜蜜美妙，
比一切书中的宝库
更加丰盛富饶，
这就是鄙弃尘土的你啊，
你的艺术技巧。

教给我一半，你的心
必定熟知的欢欣，
和谐、炽热的激情
就会流出我的双唇，
全世界就会像此刻的
我——侧耳倾听。

孕23周 我能模糊地看东西了

宝宝的本领

宝宝内耳的骨头已经完全硬化，因此宝宝的听觉非常敏锐。此时的宝宝能听到妈妈体内的声音，如胃里汩汩的流水声、砰砰的心跳声。不仅如此，宝宝还能分辨出妈妈体外和体内的声音。这周的宝宝反应比较灵敏，在孕妈妈或准爸爸轻轻拍着肚子说话时，宝宝会以踢踹来做回应呢。

妈妈的变化

第23周的孕妈妈会发现自己乳房和腹部的妊娠纹增多了，大腿上也出现了淡红色的纹格，下腹部及外阴的颜色也加深了些。孕妈妈千万不要为此而忧心忡忡，想着这是为肚中宝宝的出生而付出的代价，就会感到好受点了。

孕妈妈变成一个真正的“大肚婆”，也非常能吃了，连一些原本一点也不喜欢的食物都会吃得津津有味。孕妈妈应利用这段时间，补充营养，强健身体。

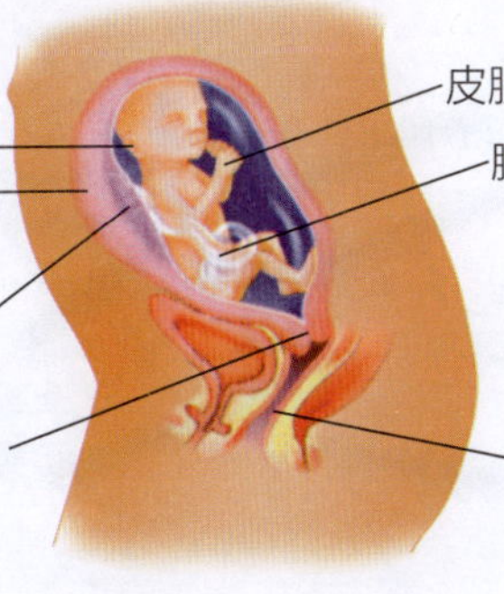

本周胎教要点

音乐胎教 给宝宝放的音乐，不要老是固定的几首曲子，还可针对不同的宝宝选择不同音乐。对胎动频繁的“淘气”宝宝，最好放些节奏缓慢、旋律柔和的乐曲；“文静”的宝宝应放些轻松活泼、跳跃性强的乐曲。

抚摸胎教 最好能固定抚摸的时间，让孕妈妈、准爸爸每天都能按时进行。在抚摸时，动作要轻柔，可以充满爱意地和宝宝说话，让宝宝感受到父母的心意。

美育胎教 准爸爸虽然不能像孕妈妈那样和宝宝有心灵感应，但也可以通过说话让宝宝记得你哦！“早上好”“我走了”“我回来了”“晚安”这四句爸爸一定要每天说给宝宝听，能增强准爸爸的存在感呢。

产科专家告诉你

在抚摸宝宝或对宝宝说话时，如果感到宝宝烦躁或疲倦了，应该立即停止。

怀孕期间不可滥用药物，但并非是不能用药，大多数药物对宝宝还是安全的。因此，孕妈妈患病还是要在医生指导下正确用药，切不可“忌药讳医”。

第 155 天

胎教故事：《盲人摸象》

今天，孕妈妈给宝宝读读《盲人摸象》的故事吧！妈妈别忘了问问宝宝："你说瞎子们说得对吗？你知道大象究竟是什么样子吗？"然后，再将大象的样子描述给宝宝听。

从前，印度有个国王家里养了一头大象。一天，他骑着大象在街上游玩，忽然看见六个瞎子在路旁休息，国王命令他们走过来，并问他们："你们知道大象是什么样子吗？"

瞎子们一齐摇头，说："尊敬的陛下啊！我们不知道。"

国王笑了："那你们就自己去摸摸，然后告诉我大象是什么样子。"

瞎子们赶紧围着大象摸起来。

一个瞎子摸到了象牙，"陛下，我知道大象是什么样子了，大象像一把剑，尖尖的、硬硬的。"

另一个瞎子摸到了象腿，"不对不对，大象像一个大柱子，高高的、粗粗的。"

"不对不对，你们说错了。大象像一根绳子，软软的、细细的。"第三个瞎子抓住大象的尾巴得意地说。

第四个瞎子凑巧摸到了大象的肚子，"你说的也不对，大象就像是一面大墙，厚厚的、平平的。"

"难道你们都傻了吗？大象的耳朵其实最像一个大扇子，很有趣。"第五个瞎子正轻轻抚摸着大象的耳朵。

"哈哈！你们全错了，大象才不像你们说的那样呢！大象是一个大粗管子，很长很粗，很有弹性。"最后说话的瞎子紧紧抱住大象的鼻子，十分肯定地说。

国王和周围的人听了瞎子们的话都哈哈大笑。

第156天

写出你的爱

“你带着一身明媚，离开我温暖的堡垒，你是我的依赖，你是天的安排，你来填补空白，你说来就来，你不能去学坏，你可以不太乖，我的爱……”这是王菲写给女儿的歌。孕妈妈是不是觉得非常感动？你也来试着写一写吧，写出对宝宝深深的爱，可以是几句话、一首诗或是一封写给未来宝宝的信。

第157天

妈妈变出小动物：兔子

今天，孕妈妈再来做手影游戏吧！

孕妈妈不仅锻炼了手部，还牵动了肩部、胳膊、手腕、手指等部位，在中枢神经系统调配下完成。这样的活动能促进大脑皮层相应部位的生理活动，提高人的思维能力。手影游戏能通过信息传递，促进宝宝大脑发育。

活灵活现的胖兔子

第158～159天

妈妈唱儿歌

民间的很多儿歌朗朗上口，趣味盎然，孕妈妈要学着哼唱给宝宝听。宝宝在妈妈的感染下，节奏感和语言感会很好！

西瓜船

一只西瓜切两半，
变成两艘月亮船！
一艘开到爸身边，
爸爸爸爸尝尝鲜！
一艘开到妈面前，
妈妈妈妈尝尝鲜！
爸爸边吃边说好，
妈妈边吃边说甜。

五指歌

一二三四五，上山打老虎。
老虎没打到，见到小松鼠。
松鼠有几只？让我数一数。
数来又数去，一二三四五。

摇摇船

摇，摇，摇，
摇到外婆桥。
外婆对我笑，
叫我好宝宝。
糖一包，果一包，
吃完饼儿还有糕。

小白兔

小白兔，白又白，
两只耳朵竖起来，
爱吃萝卜爱吃菜，
蹦蹦跳跳真可爱。

排排坐

排排坐，吃果果，
幼儿园里朋友多。
你一个，我一个，
大的分给你，小的留给我。

新年到

新年到，放鞭炮，
噼噼啪啪真热闹。
耍龙灯，踩高跷，
包饺子，蒸甜糕，
奶奶笑得直揉眼，
爷爷乐得胡子翘。

春天到

春天到，春天到，
花儿朵朵开口笑。
草儿绿，鸟儿叫，
蝴蝶蜜蜂齐舞蹈。

小蜗牛

小蜗牛儿背书包，
慢腾腾儿上学校，
东瞧瞧，西瞧瞧，
爬到太阳落，
刚刚到学校，
往里看一看，
已经放学了。

第160天

准爸爸讲百科：尼罗河

宝宝今天有没有踢妈妈的肚子？宝宝现在可聪明了，会踢腿、屈身、伸腰、滚动以及吸吮大拇指。这么聪明的宝宝，准爸爸就教他一些文化知识吧，比如尼罗河的故事。为什么现在大家都认为埃及是尼罗河的赠礼？下面就请准爸爸来给宝宝讲一讲。

尼罗河是埃及的生命线，是“埃及的母亲河”。它是非洲第一长河，也是世界上最长的河流之一，全长约6670千米。它是一条由发源于乌干达维多利亚湖的白尼罗河和发源于埃塞俄比亚高原的青尼罗河，在苏丹首都喀土穆汇合之后流入埃及的河。它从南到北纵贯埃及东部，埃及境内一段长达1530千米，是具有舟楫、灌溉之利的重要水利资源。世界四大文明古国之一的埃及，就是在尼罗河的哺育下，发展了其光辉灿烂的古文化。

几千年来，尼罗河定期泛滥，带来了肥沃的淤泥，使尼罗河谷地和尼罗河三角洲变成了沙漠中一条生机勃勃的“绿色走廊”，孕育出灿烂的古埃及文明。正像古希腊历史学家希罗多德所说的：“埃及是尼罗河的赠礼。”

第161天

诗歌欣赏：《春夜喜雨》

今天，孕妈妈声情并茂地给宝宝诵读杜甫的《春夜喜雨》吧，还可以将诗中的优美意境说给宝宝听。

春夜喜雨

杜甫

好雨知时节，当春乃发生。
随风潜入夜，润物细无声。
野径云俱黑，江船火独明。
晓看红湿处，花重锦官城。

这是描绘春夜雨景、表现喜悦心情的名作。诗中将春夜喜雨拟人化了，诗人夸赞这雨是“好雨”，说它“知时节”，懂得人的需要。难道不是吗？春天里，万物萌芽勃发，正需要雨露的滋润，雨就下了起来。

诗题中的“喜”字虽然没有出现，但字里行间都洋溢着诗人的欢喜之情。从欢喜到情不自禁地想象：明天必定会春色满城。

孕24周 我能分辨甜和苦了

宝宝的本领

现在，宝宝的全身会覆盖着细细的胎毛。此外，宝宝的体内开始生成白细胞，能对抗感染，为健康加分。

宝宝继续将羊水吸入肺中，来锻炼呼吸功能。宝宝的肺里，血管和肺泡开始发育，肺里的血管和肺泡最终将交换氧气，并将氧气输送至全身。

宝宝的内耳到这周已经完全发育成熟。宝宝可以分辨自己在羊水中是仰卧还是侧卧。

妈妈的变化

孕妈妈体重会明显增加，肚子已经很引人注目了，乳房也明显增大，更接近典型孕妈妈的形象了。不要担心外貌问题，怀孕的女人充满了母爱，是最美丽动人的。

此时，由于长大的子宫压迫各个部位，会导致下半身的血液循环不通畅，因此孕妈妈会格外容易疲劳。孕妈妈在这周感受到的宝宝心音和胎动会更加清楚，甚至在腹部可以摸到宝宝的位置。因此，孕妈妈应该多注意休息，时不时摸摸肚子，让宝宝感受到妈妈的温暖。

本周胎教要点

情绪胎教 孕妈妈已经逐渐适应了妊娠生活，情绪比较稳定了，但仍要注意调节身心，缓解紧张不安的情绪，跟宝宝一起度过愉快的每一天。

美育胎教 胎宝宝在孕妈妈肚子中接受了好的教育，会在潜意识里留下种种印迹。孕妈妈可以多读诗歌、听曲子等，来增强宝宝的记忆。

运动胎教 散步能让孕妈妈心情愉快，头脑清醒，帮助孕妈妈消除身心疲劳，有利于宝宝健康成长。特别是在风景秀美的地方，更能给孕妈妈和宝宝带来美的享受。

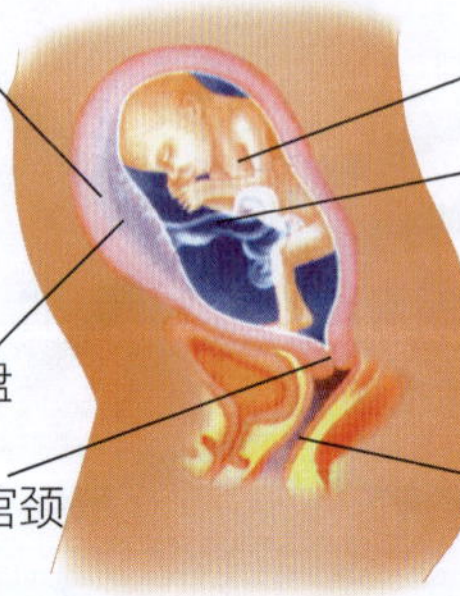

产科专家告诉你

有的孕妈妈在出现蝴蝶斑或大腹便便时，认为自己变丑了，变笨了，不愿意出门。这不利于孕妈妈的身心健康，也不利于优生。

第162天

妈妈来猜歇后语

今天，孕妈妈来动动脑筋，做几个歇后语吧！可以一边做一边体会其中的巧思和趣味。没做出来的可以查一查答案，不明白其意味的可求助于准爸爸。

孕妈妈做完后，可以将这些歇后语读给宝宝听，让宝宝也感受下歇后语的魅力！（参考答案见P191）

1.按下葫芦起了瓢——
2.八寸脚穿七寸鞋——
3.八十岁学吹笛——
4.拨浪鼓——
5.白骨精遇上了孙悟空——
6.饱带干粮晴带伞——
7.宝囊里取物——
8.败家子回头——
9.百尺竿头挂剪刀——
10.百川归海——
11.黄连树下弹琴——
12.千里送鹅毛——

第163天

音乐胎教：《爱之梦》

孕妈妈今天来听听匈牙利作曲家李斯特的《爱之梦》吧，让宝宝感受到妈妈的爱意！

什么时间听

黄昏时分，宝宝活动比较频繁时。

怎么听

妈妈可以一边用心听，一边用手轻拍宝宝，可以跟着轻声哼唱，让宝宝感受到你的爱意。

关于这首曲子

李斯特创作的灵感是来自弗莱利·格拉特的诗歌《爱吧》。

爱吧，能爱多久，
愿爱多久就爱多久吧，
你的心总是保持炽热，保持眷恋，
只要还有一颗心对你回报温暖。
只要有人对你披露真诚，
你就得尽你所能，
教他时时快乐，没有片刻愁闷！

听完了曲子，你一定也想对宝宝说：我爱你，能爱多久就爱多久。

第164~166天

胎教故事：《龟兔赛跑》

今天，妈妈要给宝宝讲一则耐人寻味的寓言故事，它说的是一只骄傲的兔子和一只坚持不懈的小乌龟之间发生的事。宝宝，你要明白，只有脚踏实地做事情，不要半途而废，才能取得胜利。

兔子长了四条腿，一蹦一跳，跑得可快了。乌龟也长了四条腿，爬呀，爬呀，爬得真慢。

有一天，兔子碰见乌龟，笑眯眯地说："乌龟，乌龟，咱们来赛跑，好吗？"乌龟知道兔子在开它玩笑，瞪着一双小眼睛，不理也不睬。兔子知道乌龟不敢跟他赛跑，乐得摆着耳朵直蹦跳，还编了一支山歌笑话乌龟：

乌龟，乌龟，爬——爬，一早出门采——花；乌龟，乌龟，走——走，傍晚还在门——口。

乌龟生气了，说："兔子，兔子，你别神气活现的，咱们现在就来赛跑。"

"什么，什么？乌龟，你说什么？""咱们现在就来赛跑。"

兔子一听，差点笑破了肚皮："乌龟，你真敢跟我赛跑？那好，咱们就从这儿跑起，看谁先跑到山脚的那颗大树下。预备！一，二，三，跑——"兔子撒开腿就跑，跑得真快，一会儿就跑得很远了。他回头一看，乌龟才爬了一小段路，心想：乌龟敢跟我兔子赛跑，真是天大的笑话！我呀，在这儿睡上一大觉，让他爬到这儿，不，让乌龟爬到前面去吧，我三蹦两跳地就追上了。"啦啦啦，啦啦啦，胜利准是我的嘛！"兔子把身子往地上一歪，合上眼皮，真的睡着了。

再说乌龟，爬得可真慢，可是他一个劲儿地爬，爬呀，爬呀，等他爬到兔子旁边，已经累坏了。兔子还在睡觉，乌龟也想休息一会儿，可他知道兔子跑得比较快，只有坚持爬下去才有可能赢。于是，他不停地爬呀，爬呀。离大树越来越近了，只差几十步了，十几步了，几步了……终于到了。

兔子呢？他还在睡觉呢！兔子醒来后往后面一看，咦，乌龟怎么不见了？再往前一看，不得了了！乌龟已经爬到大树底下了。兔子一看可急了，急忙赶上去，可已经晚了。乌龟胜利了。

孕7月
在“小房子”里感受外面的世界

孕25周 我是小小窃听者

宝宝的本领

宝宝在这周会开始规律性胎动，眼球开始转动，并且出现味觉。

到这周末，宝宝的传音系统发育完成，神经系统发育得也很好了，对声音、光线和妈妈的触摸都有反应。宝宝还能分辨出妈妈和其他熟人的声音。

这周，宝宝眼睑的轮廓更加清楚，眼睛也能睁开了，只不过眼珠上还蒙着一层薄膜。宝宝在妈妈的肚子里会不停地活动，但是已经比较有规律了，不仅能手舞足蹈，还会转身。

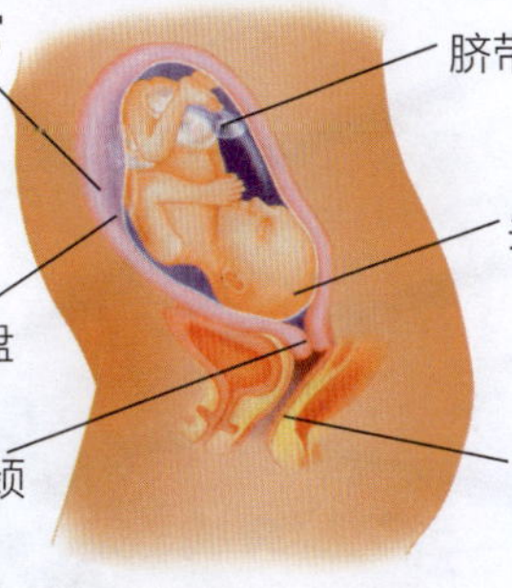

妈妈的变化

这周，孕妈妈腹部变得更大，子宫也越来越大，大约在脐上1~2指，可能压迫到下腔静脉的回流，出现静脉曲张。有的妈妈还会有便秘和痔疮、腰酸、背痛等。孕妈妈可以从现在开始规划宝宝出生后的生活，这会让孕妈妈欢欣雀跃，忘掉身体上的不适。

本周胎教要点

营养胎教 进入这周，孕妈妈的子宫已经占据了大半个腹部，胃部被挤压，饭量受到影响，常有吃一点就饱的感觉。但孕妈妈不应因此而减少营养，应一日多餐，摄取均衡的营养，保证宝宝的发育需要。

情绪胎教 到了这周，孕妈妈的情绪对宝宝的影响更大了，因此，孕妈妈要想尽办法让自己处于快乐之中。

语言胎教 孕妈妈要多给宝宝讲故事，如小白兔、鲜花、乌龟、大海等，虽然宝宝听不懂，但清晰的话语能使宝宝感受到美妙和谐的世界，有助于启迪宝宝的心智。

第169天

营养胎教：准爸爸做补脑菜

宝宝在这个时候，已经形成神经细胞与细胞之间的突触接合，能传导脑神经细胞的兴奋冲动。准爸爸要有意识地给妈妈增加富含DHA、卵磷脂等食物的供应，帮助增强大脑的功能和记忆力。

槐花猪肚汤

材料 猪肚500克，木耳50克，槐花30克。

调料 盐、鸡精、香油各适量。

做法

1.将猪肚用盐仔细擦洗，除去黏液，冲洗干净，切块；木耳浸软，去蒂；槐花洗净，放清水中煮成汁，去渣留汁。

2.先将猪肚与5杯清水同放入煲内，大火煮滚，加上木耳、槐花汁，煮至猪肚熟软，加少许盐、鸡精调味，淋上香油即可。

鳗鱼饭

材料 鳗鱼150克，笋片50克，青菜100克，米饭1碗。

调料 盐、料酒、酱油、白糖、高汤、植物油各适量。

做法

1.将鳗鱼清洗干净，放入盐、料酒、酱油等调味品腌渍半小时。将腌渍好的鳗鱼放入烤盘中，放到烤炉里，温度调到180℃，将鳗鱼烤熟。

2.将洗好的笋片、青菜放入油锅中略炒，放入烤熟的鳗鱼，倒入高汤，加酱油、白糖，待锅中的汤汁几乎收干出锅，摆在米饭上即可。

第170~171天

胎教故事：《奇怪的镜子》

宝宝已经能够确切感知声音的美妙了。今天，孕妈妈就来声情并茂地给宝宝讲讲《奇怪的镜子》的故事吧！镜子为什么会一摸就破碎呢？宝宝是不是很好奇？别急，妈妈就来读给你听。

美丽的池塘里有一条小鱼。他快快活活地玩了一天，可累了，正想休息一会儿。突然，小鱼发现有一样东西在一闪一闪，他睁大眼睛一看，不禁叫起来：“多大多亮的镜子啊！”小鱼想：“要是把镜子搬到家里，让大家都能照一照该多好！”想着想着，小鱼轻轻地游到那镜子边，还没碰着，“镜子”就碎成一块块小片儿了。小鱼心里难过极了。但是，不一会儿，那“镜子”又圆了起来。

于是，小鱼急急忙忙找来了正在河边唱歌的小青蛙。“青蛙弟弟，我找到了一面又大又圆的镜子，请你帮我抬回家好吗？”小青蛙一口答应了。小青蛙用宽宽的大嘴巴刚想轻轻衔住镜子，只见“镜子”又碎成一块块小片了。小鱼和小青蛙都很难过。但是，不一会儿，那“镜子”又圆了起来。

于是，小鱼又急急忙忙找来了正在水中跳舞的河蚌。“河蚌姐姐，请你帮我把大镜子抬回家好吗？”河蚌一口答应了，跟着小鱼来到镜子边。河蚌用两片蚌壳刚想轻轻地夹住镜子，可“镜子”又碎了。小鱼、小青蛙、河蚌都很难过。但是，很快那“镜子”又圆了起来。

小鱼又找到了正在水藻中吹泡泡的螃蟹。“螃蟹哥哥，我找到一面又大又圆的镜子，请你帮我抬回家好吗？”螃蟹一口答应了。他用两只大大的螯，刚想轻轻地钳住镜子，可是“镜子”又碎了，成了一块块的小片儿。大家都很难过，可是又感到很奇怪，到底是怎么回事呢？

这时只听见一阵“哈哈哈”的笑声，虾公公拖着长长的胡子来了：“傻孩子，这哪是镜子，这是天上的月亮倒映在水面上啦。”小鱼、小青蛙、小河蚌、螃蟹都抬起了头。大家看看天，又看看水面，都哈哈地笑了起来，连池塘里的月亮也笑了。

第172~173天

孕妈妈做促进呼吸的运动

宝宝脑部快速发育，需要足够的氧气和营养。孕妈妈应多做一些能促进呼吸的运动。

抬头呼吸

1 两脚分开，与肩同宽，将双臂放平。

2 再将双臂缓缓地举向上方，与此同时，抬起自己的脚后跟。

这个动作能帮助孕妈妈保持平衡，增加氧气的供应量。

舒展背部

1 双臂上举，吸入空气再从口中慢慢吐出。

2 上半身向前弯曲。注意保持背部挺直，脖子稍稍上抬，两眼凝视前方；待身体弯曲至与双腿成直角后再次吸入空气，弓起背部，慢慢让上半身恢复原位。

这个动作能使孕妈妈的呼吸变得顺畅。

第174天

来玩数独吧（二）

宝宝大脑发育很快，妈妈的大脑也不能停下来！今天，孕妈妈来做两个数独游戏吧，你会不自觉地沉浸在九宫格的魅力中！

题(参考答案见P118)

		1			6			4
4	3			2			5	
		8	1		9	7		6
	1			8		9		5
	9				5		7	
5		4		3	7		2	
8		3	2		1	5		
	2			7			6	3
7			8			4		

第175天

诗歌欣赏：《定风波》

这两天，每天给宝宝读一首苏轼的词吧！看到“竹杖芒鞋轻胜马，谁怕”一句，孕妈妈是否会心一笑？对作者乐观、从容的人生态度是否心领神会？

定风波

三月七日沙湖道中遇雨。雨具先去，同行皆狼狈，余独不觉。已而遂晴，故作此词。

莫听穿林打叶声，
何妨吟啸且徐行。
竹杖芒鞋轻胜马，谁怕？
一蓑烟雨任平生。

料峭春风吹酒醒，
微冷，山头斜照却相迎。
回首向来萧瑟处，归去，
也无风雨也无晴。

开头的“穿林打叶”之音，显示这来袭的风雨极具声势。但沙湖道上现身的词人，却“竹杖芒鞋”，吟啸而来，表现出一种闲庭信步的潇洒。有遇事不惊、笑对苍茫的从容。

孕26周 我的眼睛睁开啦

宝宝的本领

宝宝听到声音时，脉搏会加快，甚至能随着音乐的节奏而移动。

这周，宝宝的大脑反应能力已经相当不错了，能对触摸做出反应。

宝宝的视觉有了发展，眼睛已经能够睁开。这时候，孕妈妈或准爸爸用手电筒照妈妈的肚子，宝宝会自动把头转向光亮的地方。

妈妈的变化

宝宝一天天长大，妈妈的子宫也在不断扩张，妈妈的腹部常常会感到针扎一样的疼痛。孕妈妈可以多休息，听听音乐，能使人心旷神怡，减轻不适，放松情绪。

这周，孕妈妈会心神不安、睡眠不好，还会做些记忆清晰的梦。这是孕妈妈对承担母亲重任感到忧虑的反应。孕妈妈要为了宝宝的健康而保持好的心态。

本周胎教要点

营养胎教 这周的孕妈妈会出现肢体水肿。要适量饮水、少吃盐，多补充富含B族维生素、维生素C、维生素E的食物，能减少不适感，平静心情。

运动胎教 到了本周，孕妈妈除了可以继续散步外，还可以做些孕期保健操，这对宝宝的健康成长非常有益。

光照胎教 孕妈妈可以将手电筒放在肚皮上移动，宝宝会随着光源移动呢。宝宝追逐光源，能促进视觉和反应能力的提高。

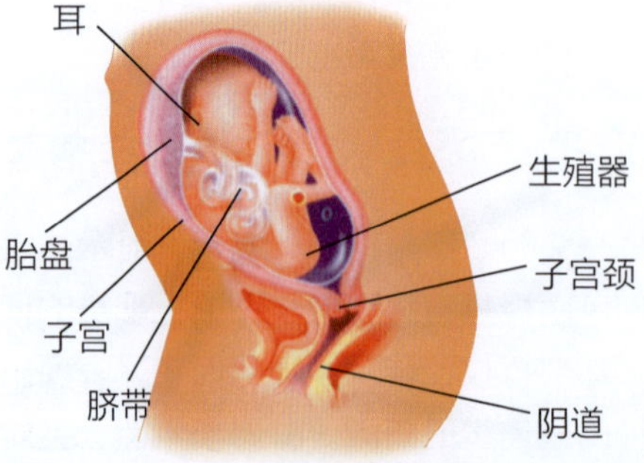

产科专家告诉你

虽然孕妈妈肚子已经凸起来，但也应该适当运动，以控制体重，减少脂肪堆积。每天散步1小时左右，是对妈妈和宝宝非常有益且安全系数较高的运动。

这周，孕妈妈最好做一次血液检查，如果发现孕期糖尿病或贫血，要在医生的建议下进行治疗。

第176天

营养胎教：去除孕妈妈水肿

由于肚子中宝宝的压迫，孕妈妈的下半身会出现水肿，造成身体行动不便，很容易影响心情。这时候，准爸爸下厨做道能去除孕妈妈水肿的菜吧！

虾肉冬茸汤

材料　鲜虾300克，冬瓜500克，鸡蛋2个。

调料　姜片、盐、白糖、料酒、香油、胡椒粉、葱花、高汤各适量。

做法

1.鲜虾洗净，去沙线，隔水蒸8分钟，取出虾肉。

2.冬瓜洗净，去皮、瓤，切小块，与姜片和高汤同煲15分钟至烂；鸡蛋取蛋清。

3.将冬瓜汤煮开，加入虾肉，加盐、白糖、料酒、香油、胡椒粉调味，再将两个蛋清拌匀，淋入锅内，开锅后撒上葱花即可。

冬瓜玉米焖排骨

材料　排骨400克，冬瓜、玉米各150克。

调料　葱段、蒜片、姜片各5克，生抽10克，盐4克。

做法

1.排骨洗净，切块，煮8分钟，捞出，用水冲洗，沥干；冬瓜去皮、瓤，洗净，切片；玉米去皮，洗净，切段。

2.锅内倒油烧热，爆香蒜片、姜片，倒入排骨块翻炒几下，再加入玉米段翻匀，加适量开水，盖盖子，水开后转中火焖40分钟，加冬瓜片再煮10分钟。

3.打开盖子，加盐、生抽翻匀，放葱段炒匀即可。

第177天

幽默故事两则

今天，孕妈妈可以读些有趣的幽默故事，让自己的心情好起来，也让宝宝一起分享这份好心情！

真的不是我干的

三岁的丹丹不小心将衣柜上的拉手弄坏了，无论爸爸怎么追问她都说不是她干的。

爸爸便换个方式问：“丹丹，我知道这不是你干的，可是我想知道你是怎么把它弄下来的？”

“我轻轻一拧，它就下来了。真的不是我干的。”

哪里景色好

爸爸带着儿子气喘吁吁地爬到山顶。

爸爸说：“快看呐，我们脚下的一片平原景色多好啊！”

儿子说：“既然下面的景色好，我们干吗要花三个小时爬到上面来呢？”

第178天

意念的力量

怀孕的过程凝聚了孕妈妈对胎宝宝的爱，在与宝宝见面的前夕，孕妈妈可以通过想象持续向胎宝宝传输浓浓的母爱。

孕妈妈先将精神放松，将全部精力都集中在胎宝宝的身上，想象自己的眼睛可以透过腹壁和胎盘，看到纤巧的胎宝宝在羊水中自由自在地游玩的情景。细长的脐带从胎盘连到子宫壁。想象一些小小的氧气泡，维生素、矿物质等各种营养素正源源不断地通过脐带传输到宝宝身上。

告诉自己：“我要把宝宝需要的营养素都传输给他，他在我的细心照料下，一定长得健壮、俊美。”

接着，让想象力继续延伸，让满载着关爱的小气泡随着养分一起通过胎盘传递给胎宝宝。让母爱在胎宝宝体内涌动，想象胎宝宝因此而感到温暖、舒适。

继续感受，胎宝宝也透过脐带，将那些温馨的小泡泡都传递到了你的身上。你完全沉浸在这种想象里，并吸收这种想象所释放出来的能量，它将你和胎宝宝联系得更加紧密。

现在，你可以休息一下，再读这段话：“我已经给了宝宝所需要的精神支持，他在我的祈求下，一定过着幸福和快乐的生活。”至此，将灌注于胎宝宝身上的注意力抽出来，闭上眼睛，放松自己。

第179天

名画欣赏：《音乐课》

这是英国画家莱顿的作品，描绘了上音乐课的场景。

女教师微微俯身帮助女孩调试琴弦，面庞秀美清丽，身着长裙，花纹、质地描绘得十分逼真；女孩则依在女教师胸前弹拨着六弦琴，天真烂漫，纯真无邪，表情认真，显得十分可爱。

孕妈妈看了这幅图，是不是也想到自己腹中的宝宝像画中女孩一样聪明、可爱呢？

第180天

音乐胎教：《月光》

这首《月光》是德彪西的作品，曲子非常幽静，孕妈妈来感受一下吧。

什么时间听

孕妈妈可以在入睡前听这首曲子，能镇静和催眠；也可以在烦躁的时候来听，能平静心情。

怎么听

乐曲一开始，旋律婉转缓缓浮动，如同月亮将银色的光芒洒向人间。接着上声部就奏出优雅如歌的“月光曲”，旋律越来越明朗，让人步入一种难以言喻的优美意境，极富抒情意味，抒发了一种人们在银色的月光下浮想联翩、放声歌唱的情绪。最后，乐曲再现开头部分，柔美的结尾将淡淡的月光衬托得更富诗意。

孕妈妈一边听着优美的钢琴曲，一边轻拍肚子，想着月色幽静的景色，会感到心旷神怡。这可以让宝宝和孕妈妈同时进入梦乡。如此有规律的生活方式会影响到宝宝，帮助宝宝养成良好的作息习惯。

关于这首曲子

《月光》又名《月亮之光》，是德彪西早期代表作《贝加马斯卡组曲》中的第三曲，创作于1890年。组曲的名字来自德彪西留学意大利时，对意大利北部贝加摩地区的深刻印象。这一组曲不但旋律优美，而且运用了极其丰富的和声。

了解了这首曲子的背景，妈妈是不是更能感受到月光的诗意、生命的美好呢？

数独游戏答案(P113题目)

9	7	1	3	5	6	2	8	4
4	3	6	7	2	8	1	5	9
2	5	8	1	4	9	7	3	6
3	1	7	6	8	2	9	4	5
6	9	2	4	1	5	3	7	8
5	8	4	9	3	7	6	2	7
8	4	3	2	6	1	5	9	7
1	2	9	5	7	4	8	6	3
7	6	5	8	9	3	4	1	2

第181~182天

胎教故事：《真假小白兔》

今天，孕妈妈来读读真假小白兔的故事，别忘了问问宝宝：怎么分辨真正的小白兔？

小白兔当了萝卜店的经理。小狐狸很羡慕："哼，我要变成小白兔！"于是，他念起咒语："一二三，四五六，狐狸变成小白兔。"嘿！小狐狸变成了一只小白兔了。

早晨，一只小白兔一蹦一跳来到萝卜店。店里的小灰兔一见，惊叫起来："咦？小白兔经理刚进去，怎么又来了一个小白兔经理呢？"

里面的小白兔走出来一瞧，大叫："你是——"

外面的小白兔也大叫："我是这里的经理，你是谁？"

"明明我是经理，你是谁？"

两只小白兔吵起来。小灰兔们左看看右看看，全愣住了，实在分不出谁是真的小白兔经理。熊法官来了，先在他俩面前放两捆青草，两只小白兔很快吃完了青草。熊法官又在他们面前放了两块肉，两只小白兔都皱着眉头："不吃不吃！"熊法官看看这个，又看看那个，怎么也看不出真假，"这可怎么办？"

兔妈妈来了，两只小白兔一齐叫："妈妈，我是你的孩子。"

兔妈妈看看这个，又看看那个，摇摇头："咦，真怪！唔，我的孩子尾巴上有个伤疤。"

可仔细一看，两只小白兔尾巴上都有伤疤。这可怪了！兔妈妈想了想，忽然捂着肚子叫起来："哎哟，哎哟，我的肚子疼！"兔妈妈疼得弯下了腰。

"妈妈，你怎么啦？"一只小白兔眼泪都流出来了，扑上来扶着兔妈妈，一边大叫："快，快去叫救护车！"

另一只小白兔虽然也在叫"妈妈妈妈"，声音却一点不急。

兔妈妈猛然站起来，一把抱住扑上来的小白兔，说："我分出来了，你才是我的孩子——真正的小白兔！"

小白兔笑着说："妈妈，你到底认出自己的孩子了！"

另一只小白兔见兔妈妈忽然好了，愣了一愣，才明白自己上了当。只好摇身一变，变成狐狸溜走了。

熊法官笑了："兔妈妈，你真聪明！"

兔妈妈笑了，小白兔也笑了。

孕27周 我做了一个梦，那个梦真美呀

宝宝的本领

宝宝现在最喜欢的运动是吸吮拇指，这能锻炼面颊和下巴。

宝宝的睫毛完全长出来了，睫毛能在宝宝出生后保护他脆弱的眼球，以免受到各种有害物质的伤害。

宝宝的听觉系统已完全发育，对外界声音刺激的反应更为明显。此时，宝宝的听觉能帮助宝宝透过妈妈的腹部、子宫及里面的羊水接受外界的讯息。

妈妈的变化

这周，孕妈妈的腹部明显隆起，能听到强烈的胎动。孕妈妈不必过多考虑胎动的次数和频率。一般来讲，胎动频繁表明宝宝很健康。

孕妈妈的血压会略有上升，不过不用担心，只有当孕妈妈体重突然增加时，才有患病的可能。

本周胎教要点

营养胎教 到了这周，叶酸的补充仍然非常必要，可以预防妊娠高血压和高脂血症的发生，保护孕妈妈和宝宝的健康。所以，孕妈妈应多吃叶酸丰富的深绿色蔬菜，这样，出生的宝宝也会爱吃蔬菜哦。

音乐胎教 在这周，孕妈妈可以播放些优美悦耳、节奏平和柔缓的曲子，以激发孕妈妈和宝宝的想象力。

运动胎教 孕妈妈适当地干些力所能及的家务活，以使气血畅通，经络疏通，精神愉快；出生的宝宝也会更健康、有活力。

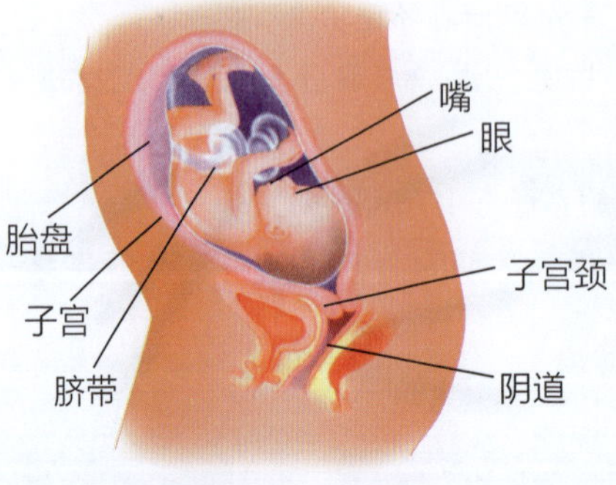

产科专家告诉你

孕妈妈可以看一些有关分娩的书或录像，以更多地了解分娩过程；还可以参加一些机构组织的分娩指导课，帮助孕妈妈消除对分娩的恐惧。

孕妈妈应稳定情绪，保持平和，安心等待分娩时刻的到来。不过，不建议孕妈妈提前入院等待。

第183天

营养胎教：消除孕妈妈便秘有妙招

孕妈妈的营养很重要，鱼肉必不可少，但也要注意多吃富含纤维素的蔬菜，能有效防治孕妈妈的便秘。

今天，准爸爸就为妈妈和宝宝做两道富含纤维素的菜肴吧。

西芹炒百合

材料 百合50克，西芹300克。

调料 植物油、葱段、姜片、盐、鸡精、高汤、淀粉各适量。

做法

1.百合洗净，掰成小瓣；西芹洗净，切段，用开水焯一下。

2.锅内倒油烧热，放葱段、姜片炝锅，再放西芹和百合混合炒熟，加盐、鸡精和少许高汤调味，加淀粉勾薄芡即可。

栗子扒白菜

材料 白菜心500克，栗子100克。

调料 葱花、姜末、淀粉、植物油各适量。

做法

1.将白菜心洗净，切成小片，放入锅中煸炒。

2.将栗子去皮，洗净，放入油锅中过油，取出。

3.锅内倒油烧热，将葱花、姜末炒香，放入白菜和栗子，加淀粉勾薄芡即可。

第184天

诗歌欣赏：《江畔独步寻花》《竹枝词》

今天，孕妈妈来读两首古诗，和宝宝一起感受诗歌中美好的意境，体会诗人的情感。

江畔独步寻花　其六

杜甫

黄四娘家花满蹊，千朵万朵压枝低。
留连戏蝶时时舞，自在娇莺恰恰啼。

《江畔独步寻花》共七首，而第六首是流传最广、最有名气的。诗中描写了黄四娘家的花儿拥满了小径，一团团一簇簇压弯了枝条。游戏的蝴蝶在花丛中翩翩起舞，自在的黄莺不时发出婉转的鸣叫。展现了诗人春天里由衷的喜悦之情。

竹枝词

刘禹锡

杨柳青青江水平，闻郎江上唱歌声。
东边日出西边雨，道是无晴还有晴。

这首诗采用了民间情歌常用的双关的手法，含蓄地表达出微妙的恋情，尤其是最后一句的“晴”与“情”谐音，妙趣横生。

第185天

成语故事：小心翼翼

做事谨慎，小心翼翼是好的，但不能过分。今天，孕妈妈来给宝宝讲讲“小心翼翼”的道理吧！

宋朝时有个很有学问的人，名叫贾黄中，他五岁起跟父亲读书。

由于父亲的严格要求，贾黄中十五岁就考中进士，当了校书郎。贾黄中为官清廉正直。他在任宣州太守时，有一年闹灾荒，百姓饿死不少。贾黄中就用自家的米做饭，救活了几千人。他在金陵任职的时候，发现府库内藏有几十匣金银宝贝，价值连城，马上清理上报朝廷。

宋太宗十分高兴，夸奖他说，若不是他廉洁奉公，这些前朝的宝贝一定会丢失；此外还特地召见了贾黄中的母亲，赞扬她教子有功,可以比作孟子的母亲。

但是，贾黄中办事过分认真、慎重，遇到大事往往不能当机立断。后来他被派往外地任职，在向太宗辞行时，太宗告诫他说：“做事恭谦，小心翼翼，不论是做君的还是做臣的都应该这样，但是如果做得太过分了，就失去了大臣的身份。”贾黄中死时，家中很穷，皇帝特地赐钱三十万，又给他老母亲白银三百两，以表彰他的为官廉洁无私，他母亲的教子有方。

第186~188天

胎教故事：《嫦娥奔月》

嫦娥是中国古代传说中最美丽的女人之一，为什么她会出现在月亮上呢？今天让孕妈妈来讲一讲嫦娥奔月的故事吧！

相传，远古时候有一年，天上出现了十个太阳，直烤得大地冒烟，海水枯干，老百姓眼看无法再生活下去。

这件事惊动了一个名叫后羿的英雄，他登上昆仑山顶，运足神力，拉开神弓，一气射下九个多余的太阳。后羿立下丰功伟绩，受到百姓的尊敬和爱戴，不少志士慕名前来投师学艺。奸诈刁钻、心术不正的蓬蒙也混了进来。

不久，后羿娶了个美丽善良的妻子，名叫嫦娥。后羿除传艺狩猎外，终日和妻子在一起，人们都羡慕这对郎才女貌的恩爱夫妻。

一天，后羿到昆仑山访友求道，巧遇由此经过的王母娘娘，便向王母求得一包不死药。据说，服下此药，能即刻升天成仙。

然而，后羿舍不得撇下妻子，只好暂时把不死药交给嫦娥珍藏。嫦娥将药藏进梳妆台的百宝匣里，不料被蓬蒙看到了。

三天后，后羿率众徒外出狩猎，心怀鬼胎的蓬蒙假装生病，留了下来。

待后羿率众人走后不久，蓬蒙手持宝剑闯入内宅后院，威逼嫦娥交出不死药。

嫦娥知道自己不是蓬蒙的对手，危急之时她当机立断，转身打开百宝匣，拿出不死药一口吞了下去。

嫦娥吞下药，身子立时飘离地面、冲出窗口，向天上飞去。由于嫦娥牵挂着丈夫，便飞落到离人间最近的月亮上成了仙。

傍晚，后羿回到家，侍女们哭诉了白天发生的事。后羿既惊又怒，抽剑去杀恶徒，蓬蒙早逃走了。气得后羿捶胸顿足哇哇大叫。悲痛欲绝的后羿，仰望着夜空呼唤爱妻的名字。这时他惊奇地发现，今天的月亮格外皎洁明亮，而且有个晃动的身影酷似嫦娥。

后羿急忙派人到嫦娥喜爱的后花园里，摆上香案，放上她平时最爱吃的蜜食鲜果，遥祭在月宫里眷恋着自己的嫦娥。百姓们闻知嫦娥奔月成仙的消息后，纷纷在月下摆设香案，向善良的嫦娥祈求吉祥平安。从此，中秋节拜月的风俗在民间传开了。

第189天

妈妈唱儿歌：《未来的小天使》

这个时候，宝宝不仅能听到各种声音了，还对特定的声音有了记忆。今天，孕妈妈就哼唱两首儿歌给宝宝听听吧。

未来的小天使

像恬静的睡莲，
像戏水的小鸭，
像闪烁的星星，
像艳丽的鲜花，
像补天的女娲，
像闹海的哪吒，
不管是女娲还是哪吒，
欢迎你和我们见面吧。
未来的小天使！

妈妈在等着你

小草睡在大地的怀里，
小鸟睡在大树的怀里，
小宝宝睡在妈妈的怀里，
小枕头等着你，
小被子等着你，
小摇篮等着你，
亲爱的小宝宝，
妈妈在等着你。

小螺号

小螺号，嘀嘀嘀吹，
海鸥听了展翅飞。
小螺号，嘀嘀嘀吹，
浪花听了笑微微。
小螺号，嘀嘀嘀吹，
声声唤船归啰。
小螺号，嘀嘀嘀吹，
阿爸听了快快回啰。
茫茫的海洋，蓝蓝的海水，
吹起了小螺号，心里美吔。

营养歌

绿菠菜，红番茄，
白豆腐，黄鸡蛋。
还有鸡鸭鱼肉和水果。
妈妈吃得香，宝宝多喜欢。
蛋白质、维生素，
铁质、磷质和钙质，
都从饭菜水果里变出来。
宝宝长得好，
妈妈多喜欢。

孕28周 我有了独特的小性格

宝宝的本领

这一周，胎宝宝的体重明显增加，眉毛和睫毛不断地生长，头发变得更长，脑细胞数量明显增加。

尽管宝宝的肺叶尚未发育完全，但是已经可以呼吸了。

进入这一时期后，宝宝就睁开双眼了，也形成了自己的睡眠周期，还会做梦了。醒着的时候，他踢踢腿、伸伸腰，还会把自己的手指放到嘴里去吸吮。

他的味觉变得越来越发达，可以尝到甜味和苦味，并很快喜欢上了甜味。同时，他的小鼻子已经有了嗅觉。如果子宫外面有光亮，他会把头转过去。他能听到更多的声音，并会对声音做出反应。

妈妈的变化

这周，孕妈妈的腹部迅速增大，很容易疲劳。一些孕妈妈则会出现胳膊肿、脚肿、腿肿、痔疮、静脉曲张等令人不适的症状，这些症状在产后会很快消失。

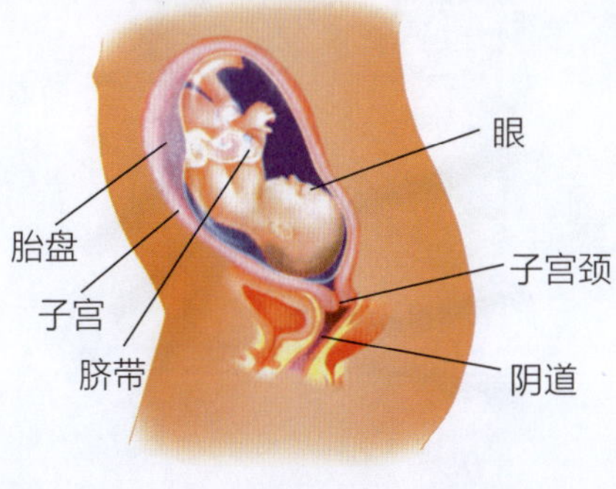

腹部的红色妊娠纹变得十分鲜明，臀部和大腿更加丰满，乳房上的血管也显得突出了。

现在准妈妈已经能很明显地感觉到胎动了。孕妈妈会越来越感到活动不便，身体不适。但是想到这个即将见面的小家伙这么活泼、可爱，就会克服困难，更好地呵护他。

本周胎教要点

语言胎教 可以用彩色卡片教给宝宝语言、文字、数字或图形，也可以给宝宝读一些儿童读物、儿歌等，包括一些轻松幽默、积极阳光的文学作品。

音乐胎教 本周孕妈妈要继续给胎宝宝进行音乐胎教。听音乐每次以5~10分钟为宜，最好选择不同类型的曲目。听的时候，注意观察胎动变化和胎宝宝的情绪反应，并记录下来。这样就可以摸索到你的宝宝喜欢听哪种类型的音乐。

产科专家告诉你

针对这段时间孕妈妈身上出现的浮肿现象，建议孕妈妈把腿垫高、伸直，还要注意穿比较宽松的鞋子。除此之外，多喝水可以将身体里的废物排出去，对消除浮肿也有很大的帮助。

第190天

音乐胎教：《百鸟朝凤》

孕妈妈可以随着音乐的旋律想象百鸟齐鸣的情景，让胎宝宝在肚子里就能够体验大自然那种自由、欢乐与和谐的气氛。

什么时间听

这首乐曲非常适合孕妈妈在早晨起床后听，或者做家务时听。它欢快又贴近大自然的曲风能够帮助孕妈妈保持一整天的愉快心情。

怎么听

整个乐曲中，乐手充分发挥唢呐善于模仿的长处，惟妙惟肖地模仿了布谷鸟、鹁鸪、燕子、黄雀、画眉、猫头鹰的啼鸣，更有趣的是本不属于鸟类的知了的鸣叫声，也加进来凑热闹。乐曲开始，唢呐吹出一个长音，接着是唢呐与笛子的重奏，呈现百鸟齐鸣的情景，随后是一段欢快的旋律，最后全曲在热烈欢腾的气氛中结束。这首曲子首尾呼应，充满活力，具有浓郁的地方特色和自由欢腾的气氛，展现了大自然的生机勃勃。

关于这首曲子

《百鸟朝凤》是一首民间乐曲，也是流传在我国安徽等地的描写鸟的音乐。乐曲中用唢呐模仿鸟的叫声，反映了劳动者的风趣和智慧。

温馨提示

- 进行音乐胎教时，音乐放给孕妈妈听就可以了，不必直接给宝宝听，如果直接把录音机或者收音机的扩音器放在肚皮上，很容易对胎宝宝的听力造成损伤。

第191~192天

孕妈妈读散文：《三月桃花水》

一个人饱含深情地朗读这篇散文吧。一边读一边想：天空湛蓝，燕子轻飞，大地冰释，河水潺潺流动，粉白的桃花瓣飘落在水面上，随水而逝，微风拂面，处处蕴藏着希望的力量，整个世界呈现出一片美好景象，令人感到幸福和欢喜……

是什么声音，像一串小铃铛，轻轻地走过村边？

是什么光芒，像一匹明洁的丝绸，映照着蓝天？

呵，河流醒来了！三月桃花水，舞动着绚丽的朝霞，向前流淌。有一千朵樱花，点点洒上了河面；有一万个小酒窝，在水中回旋。

三月的桃花水，是春天的竖琴。

每一条波纹，都是一根轻柔的弦。那细白的浪花，敲打着有节奏的鼓点；那忽大忽小的水波声，应和着田野上拖拉机的鸣响；那纤细的低语，是在和刚刚从雪被里伸出头来的麦苗谈心；那碰着岸边的丁冬声，像是大路上车轮滚过的铃声；那急流的水浪声，是在催促着村民们开犁播种啊！

三月的桃花水，是春天的明镜。

它看见燕子飞上天空，翅膀上裹着白云；它看见垂柳披上了长发，如雾如烟；它看见一群姑娘来到河边，水底立刻浮起一片片花瓣；它看见村庄上空，很早很早，就升起了袅袅炊烟……

比金子还贵呵，三月桃花水！

比银子还亮呵，三月桃花水！

呵，地上草如茵，两岸柳如眉。

三月桃花水，叫人多陶醉。啊！掬一捧，品一口，让这三月的桃花水盛满我们心灵的酒杯！

第193~194天

营养胎教：利水消肿的营养菜

这段时期孕妈妈还是需要保证每一顿都要摄入充足的营养，而且在此基础之上还要注意身体水肿的状况。充满爱心和责任心的准爸爸赶快来下厨，为孕妈妈做两道利水消肿的贴心菜吧。

炝腰片

材料 猪腰子300克，冬笋20克，黄瓜30克。

调料 植物油、花椒、盐、味精、料酒、姜各适量。

做法

1.将猪腰外面的薄皮扒掉，片成两片，再切去腰臊，切成片，洗净，放入开水锅内烫熟，捞出，沥水；将冬笋洗净，切成象眼片，放入开水锅内烫透捞出，沥水；再将黄瓜用凉开水冲洗干净，切成象眼片；将姜洗净，用刀拍散，切成细末。

2.将腰片、冬笋片、姜末、黄瓜片同放入一个汤碗中，再放入盐、味精、料酒拌匀。

3.锅内倒油烧热后放入花椒，炸至花椒变色有香味时，捞净花椒，把炸好的花椒油浇在汤碗中，搅拌均匀，装盘即成。

功效 这道菜清鲜美味，富含蛋白质、铁、钙、维生素类及纤维素，有益补肾虚的作用。孕妈妈食用可以防止水肿、强身健体。

地黄蒸白鸭

材料 净鸭1只，生地黄100克，山药200克，橘皮。

调料 葱、生姜、黄酒、鸡汤、盐各适量。

做法

1.将葱、姜洗净，切成末，将鸭洗净，切成块，用盐、黄酒、葱末、姜末腌渍。

2.把生地黄洗一下，切成片，同橘皮一起装入纱布袋内，放在汤碗底。

3.将山药去皮，洗净，切成片，与鸭肉同放在药袋上，加入鸡汤，将汤碗放入蒸锅内，蒸约2小时，待肉烂熟后，去掉药袋即可食用。

功效 这道菜鸭肉烂熟，有草药味。具有滋补理气、健脾益胃、养阴生津、清热凉血、利水消肿的作用。

第195~196天

名画欣赏：《诱惑》

这幅画的作者叫布格罗，是法国19世纪最受欢迎的画家之一，他的画追求美好、理想化的境界，有完美主义倾向。这幅画中的妈妈温柔恬美，小女孩天真烂漫，整个画面充满爱意，孕妈妈是不是已经被深深打动了？也许你希望画中人是你和你将出生的宝宝吧。

孕晚期
29~40周

更多亲子互动
与早教完美衔接

孕晚期胎教重心

孕中期的宝宝发育得很快，内脏和手脚等器官已经成形。孕妈妈应多关注自己的营养和情绪。

美学胎教

孕晚期，宝宝的各个器官和身体系统已经基本发育完成，能够辨别明暗，甚至能跟踪光源，还能够记忆他听到的母体血流声和妈妈说话的声音，大脑也更加发达。在这个阶段，妈妈可以从光、声音、阅读、图片等多方面与宝宝互动，为宝宝出生后的早教做准备。

情绪胎教

孕晚期，孕妈妈的内心会有很多复杂的情绪，焦虑、急迫、不安，希望孕期早点结束，又有点害怕孕期的结束，再加上担心宝宝的健康，还经常考虑早产、分娩疼痛等问题，甚至怕自己照顾不好宝宝……这时，情绪胎教是每天必不可少的内容。孕妈妈需要做的就是放松心情，可以做一些自己喜欢做的事情，比如散步，听音乐，画画，侍弄花草等。

营养胎教

现在孕妈妈的腹部隆起导致压迫胃部，胃口会暂时变小，应少吃多餐，以多营养、高蛋白为主，限制动物脂肪和盐的过量摄入，多吃富含微量元素和维生素的食物。

学习胎教

医学研究发现，此时胎儿已经具有思考、感受、记忆事物的可能性，所以孕晚期是施行阅读胎教、美育胎教、图像卡片胎教、音乐胎教的绝佳时机。

感官胎教

到孕晚期，胎宝宝对光非常敏感。所以这个阶段应该对胎宝宝实施光敏感胎教。另外，这个阶段，孕妈妈和准爸爸都应该多用手抚摸或拍打胎宝宝，形成触觉上的刺激，促进宝宝感觉神经和大脑的发育。在进行抚摸胎教的同时，也可以进行对话胎教，这不仅对胎宝宝的语言能力有所帮助，也是建立亲子关系的关键。

孕晚期每天生活计划表

时间		安排
早	6~7点	起床，并向胎宝宝问声好
	7~8点	**在职孕妈妈** 应该起床准备上班了，起床的时候跟胎宝宝打声招呼吧
		居家孕妈妈 吃营养丰富的早餐
	8~10点	**在职孕妈妈** 在工作时要劳逸结合，休息的时候想一想胎宝宝
		居家孕妈妈 可以到室外散散步，或者做一下孕中期介绍的保健操，不过要注意防晒哦
	10点	**加餐** 苹果1个
	10~12点	**在职孕妈妈** 要专心工作，现在已经不适合干体力活了
		居家孕妈妈 可以开始准备午餐了，如果全职孕妈妈精力充沛的话，也可以帮家人做些力所能及的家务，适当地运动对孕妈妈是有好处的
午	12~13点	吃一顿营养丰富的午餐吧，孕妈妈吃饭也在为胎宝宝提供营养
		餐后可以小憩一会儿
	13~15点	**在职孕妈妈** 专心工作，中间可以休息一下，如果有条件，到室外走走，抚摸腹部，跟胎宝宝沟通，防晒还是很重要的
		居家孕妈妈 可以听听音乐，或者读一读文学作品，让胎宝宝受到熏陶
	15点	**加餐** 吃一些饼干或巧克力，要记得喝水哦
	15~18点	**在职孕妈妈** 努力完成工作，这样可以空出更多的时间来陪胎宝宝
		居家孕妈妈 在家帮助打扫房间，营造一个舒适的环境，或者做一些手工活，锻炼一下手脑配合能力
晚	18~19点	吃一顿营养而又简单的晚餐
	20~22点	跟家里人聊天，或者看一些有趣的书和电视节目，让自己心情愉快；欣赏一些名画，提高自己的鉴赏能力
	22点	跟胎宝宝道晚安，早起早睡，让胎宝宝也养成好的生活作息时间吧

孕8月 我的小窝儿变小了

孕29周 我和光线“捉迷藏”

宝宝的本领

现在胎宝宝由于长了一些脂肪，皮肤表面更加光滑和白净了。

宝宝现在已经有睫毛了，说不定此刻他正在眨眼睛呢。他还可以睁开眼睛并把头转向孕妈妈子宫外面透射进来的光源。

本周胎宝宝的大脑已经成熟到可以帮助调节体温的程度了，当然，小家伙不能自行控制体温，他出生前还是要靠妈妈的体温来生存。宝宝的大脑还在继续发育神经细胞。到出生时，宝宝的神经细胞数量会达到上亿个。看起来数量很多，但是这个数量在宝宝出生以后就不会增加，所以需要多储存一些。

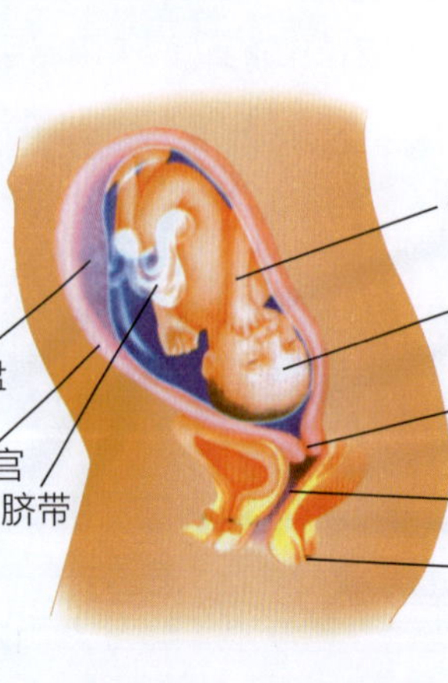

妈妈的变化

从现在开始，孕妈妈进入孕晚期了。这一阶段孕妈妈的体重将增加5千克左右，时常觉得肚子一阵阵发硬发紧，这是不规则宫缩，不必紧张。需要注意的是不要走太远的路，站立的时间不要过长。

还有妊娠纹或者浮肿出现，这在怀孕后期都属于正常现象。

本周胎教要点

光照胎教 这一阶段，胎宝宝各器官、系统发育逐渐成熟，对外界的各种刺激反应更加积极，用光源照射胎宝宝头部时，胎头会转向有光的方向，并出现胎心率的改变，所以每天定时、定量的光照刺激是这个时期一个重要的胎教内容。

语言胎教 胎宝宝的感知能力已经很强了，不妨更多地与宝宝进行沟通，给胎宝宝取个乳名，经常用这个乳名呼唤他，跟他说一些简单的句子或者儿歌，这对胎宝宝是非常有好处的。

第197天

光敏感游戏

光照胎教可以训练胎宝宝的视觉功能，还能帮助他形成昼夜周期规律。

实施方法

在胎宝宝醒着的时候用手电筒作为光源，照射孕妇腹部胎头方向，每次3~5分钟左右，结束前可以连续关闭、开启手电筒数次，有利于胎宝宝的视觉健康发育。需要注意的是，要避免强光照射，同时照射时间也不能过长。

注意事项

光照胎教最适宜的时间是晚上8~9点，这是胎宝宝胎动活跃的时期。一定不要在胎宝宝睡觉时进行，否则会打扰到胎宝宝的正常生理周期。

第198天

一针一线都是爱

休息时间比较充足的时候，也许会感到无所事事，这时候，来做十字绣吧。

开始时，你可以选择一幅你喜爱的小作品，像手机套、钱包一类的物件，水平提高以后，可以再绣肚兜、内衣等复杂的物件。

刺绣的时候最好在腰后垫一个垫子。要边绣边与胎宝宝聊天，还可以听听轻柔舒缓的音乐，在优美的旋律中一针一线地传递对宝宝的爱。

需要注意的是孕妈妈最好把每次刺绣的时间控制在1个小时之内，另外刺绣是一个陶冶性情的过程，不要当成任务，过于形式化。

相信你只要用心投入，就会获得非常愉快的体验。因为这种胎教方法不但会通过孕妈妈手指上的神经对胎宝宝脑部产生一定的刺激作用，还可以平静心情，提高注意力，在搭配不同颜色丝线的同时，也可以使自己的色彩感得到提升，可以算得上是一举多得。

第199天

孕妈妈巧打扮

孕妈妈此时的体形虽然因为腹部增大而发生变化，但是依然可以追求美。孕妈妈的服装应以宽松、舒适、整洁、大方为原则，吸汗且透气的棉质衣服是最佳的选择。

背带裤

面料舒适、穿着方便、腹部宽松，适合任何月龄。

裙子

A字裙，背带裙或连衣裙，纯棉的、丝绸的都可以。那种宽松的公主裙款式连衣裙，别具女人味。

松紧裤

质地纯棉的居多，或者麻面的，可根据喜好挑选。松紧裤的腰部可以随着月份的增大而调节，非常方便。

职业套装

简洁合体，大方端庄，适合白领妈妈。基本款式有容易搭配的单件上衣、衬衫或裤装，以及不可或缺的背心裙、变化多端的一件式短洋装或长洋装、上班休闲夹克套装等。

上衣

夹克衫、唐装。夹克衫和唐装的一大特色就是宽松舒适，唐装的样式和颜色很多，可以选择的余地很大，最好能选择那种可以机洗且不掉色的。

袜子

选择透气性好的、纯棉的，注意不能买太紧的袜子。

鞋子

选择透气性好、材质轻、舒适的那种。一定不要穿高跟鞋，也最好不要选择完全平跟的鞋，最好是有2厘米左右的跟，使身体能更好地保持平衡。如果脚肿得厉害，就需要穿上比自己平时的鞋码大半号的鞋子。如果到孕晚期，可能要大上1号了。买鞋子一定要试穿，以脚后跟处能插入一个手指为宜。最好不要买那种需要系鞋带的，当孕妈妈的肚子越来越大，已经不能弯腰自己系鞋带了，那种站着脚一伸就能套上的休闲鞋是最佳选择。

第200~201天

孕妈妈唱儿歌

孕妈妈说唱儿歌时，声音要轻柔，语调要天真，节奏要欢快，可能一开始宝宝没有什么反应，但是等慢慢习惯了你的声音，就会很开心，还会用蠕动来回应你呢。

乖宝宝

乖宝宝，好宝宝，
妈妈最爱是宝宝；
乖宝宝，好宝宝，
爸爸最爱是宝宝；
乖宝宝，好宝宝，
宝宝最爱是妈妈；
乖宝宝，好宝宝，
宝宝最爱是爸爸。

大树妈妈

大树妈妈个儿高，
托着摇篮唱歌谣，
摇啊摇，摇啊摇，
摇篮里的小鸟睡着了。
大树妈妈个儿高，
对着小鸟呵呵笑，
风来了，雨来了，
绿色的雨伞撑开了。

堆雪人

堆呀堆，堆雪人，
圆圆脸儿胖墩墩。
大雪人，真神气，
站在院里笑眯眯。
不怕冷，不怕冻，
我们一起做游戏。

小鸭子

小鸭子，呱呱呱，
不爱吃米爱吃虾；
河里游，就数它，
一到岸上就找妈

月亮和星星

月亮月亮是妈妈，
星星星星是娃娃。
月亮嘴巴笑一笑，
星星眼睛眨一眨。
月亮好，好妈妈，
星星好，好娃娃。

雪花

千朵花万朵花，
开在蓝天下，
飘飘飘洒洒洒，
飞向大地妈妈，
温暖着地下的
许多嫩嫩春芽，
为孩子带来了，
无数冬的童话。

第202～203天

诗歌欣赏：《红豆》《梅花》

古典诗词充满韵律感和意境美，今天我们就来品读两首，希望它们能够使孕妈妈更加热爱生活，并且激励孕妈妈能坚强地面对生活中遇到的困难。虽然孕程辛苦而又漫长，但是相信你爱的力量，就像梅花天然的芬芳一样是与生俱来的一种存在，它会支撑你耐心地等待并勇敢地迎来宝宝出生的时刻。

红豆

王维

红豆生南国，春来发几枝。
愿君多采撷，此物最相思。

这首诗虽短小，却意味深长。诗人以红豆寄托对友人的思念，朴素而充满热情。尤其是第三句，暗示友人珍重友情，表面上是叮嘱别人，背后却深寓自己相思之重。全诗韵律婉曲动人，情感饱满奔放，情调高雅。诗歌口吻亲切，非常适合孕妈妈朗读。

梅花

王安石

墙角数枝梅，凌寒独自开。
遥知不是雪，为有暗香来。

诗人笔下的梅花洁白如雪，暗香浮动，引人遐思。诗歌虽然短小，却写出了梅花无瑕的美丽，又暗喻一种高洁的人格魅力，可谓意味深远。孕妈妈读到这样的诗，是不是也感觉到了一种坚强的力量？

孕30周 我的脸再也不是皱巴巴的啦

宝宝的本领

如果是男胎宝宝，睾丸正在向阴囊下降，如果是女胎宝宝，阴蒂已经很明显。

胎宝宝的骨骼、肌肉和肺部发育日趋成熟。

大脑的发育也非常迅速，已经有了思考、感受、记忆事物的可能性了。

大多数胎宝宝此时对声音有了反应。

皮下脂肪继续增长。

妈妈的变化

是不是感觉到身子越发沉重了？这个时期孕妈妈的宫底在脐上三指，行动越来越吃力。因此，行动时要更加小心。

本周胎教要点

语言胎教 胎宝宝已经非常聪明了，所以这段时期至产前，是实施语言胎教的最佳时机。孕妈妈要坚持给胎宝宝讲故事、阅读文学作品，用心体会胎宝宝的反应，因为此时胎宝宝已经非常熟悉孕妈妈的声音了。还应该继续让准爸爸参与胎教，让胎宝宝也熟悉一下爸爸的声音。

美育胎教 在欣赏文学作品或绘画作品时，孕妈妈可以积极展开对情节场景或画面意境的联想，将美好的感受通过意识传递给宝宝，这种训练可以使宝宝更聪明。

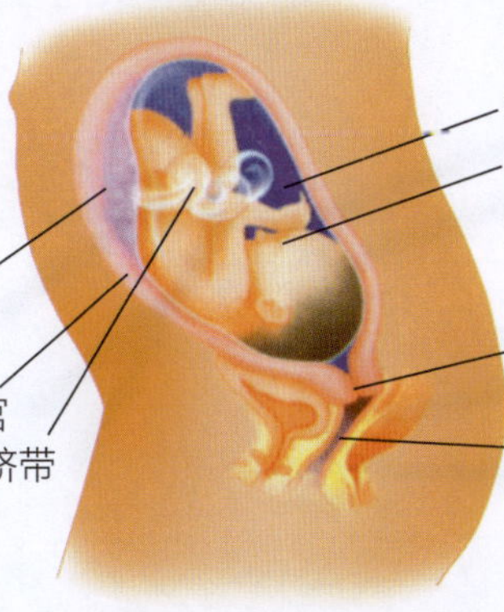

产科专家告诉你

孕妈妈现在主要的麻烦是不易看清脚下，因此步行和上下楼梯时要格外注意，一定要踩扎实了再走；如果感到子宫收缩，腹痛或发胀，就要赶紧休息；睡眠要充分，平常抓紧一切时间休息，以保持自己的精力充沛。

第 204 天

对话胎教

沟通会使人感到幸福，这个时期，胎宝宝正是需要爸爸妈妈更多关注的时候，应该多与他对话，让他感觉到温暖和幸福。

实施方法

轻轻抚摸胎儿，同时对胎宝宝说："嗨，宝宝，来活动活动吧，对啦，小手在哪里？小脚丫在哪里呢？让妈妈（爸爸）摸一摸。啊，小腿好有力量啊，再来一下……"还可以告诉他："宝宝，很快就要见面了，妈妈(爸爸)很期待，你呢？"对话的内容可以慢慢增加，围绕生活内容，把看到、听到的新鲜事物对胎宝宝仔细说明，把美好的感觉反复传授给胎宝宝，这些都能够促进胎宝宝与爸爸妈妈的情感、心灵的沟通。

温馨提示

- 在做对话胎教时，最好每次都以相同的词句开头和结尾，这样循环反复，不断强化，效果会更好。

第 205 天

准爸爸讲百科：天空为什么是蓝色的

天空为什么是蓝色的？准爸爸来告诉胎宝宝吧。

我们抬起头看到的天空，经常是蔚蓝的，特别是一场大雨之后，更是蓝得像一泓秋水，令人心旷神怡，跃跃欲飞。天空为什么是蔚蓝的呢？

大气本身是无色的。天空的蓝色是大气分子、冰晶、水滴等和阳光共同创作的图景。

阳光进入大气时，波长较长的色光，如红光，透射力大，能透过大气射向地面；而波长短的紫、蓝、青色光，碰到大气分子、冰晶、水滴等时，就很容易发生散射现象。被散射了的紫、蓝、青色光布满天空，这就使得天空呈现出一片蔚蓝了。

第206天

音乐胎教：《梦幻曲》

就让这充满感染力的音乐轻轻拂去你所有的劳累和不快，带你进入一个如梦似幻的世界吧，那或许是你做过的一个美丽的梦，又或许就是你记忆中快乐的童年时光。

什么时间听

晚上睡觉前，开启这首《梦幻曲》，短短四小节的旋律能够让疲惫了一整天的你心情舒缓、精神放松，安然入梦。

怎么听

《梦幻曲》描述的是一个关于天国、天使的童话般的梦，一个如诗如画的幻想，据说作者是在写热恋中的恋人儿时的情景，但这又何尝不是作者自己的梦幻世界呢？娴熟的浪漫主义手法，把我们带进了如此温柔优美的梦幻境界。只有感情充沛，想象力极强的人才能创作出这样的曲子。这首曲子主题简洁，具有动人的抒情风格和绚丽的幻想色彩，旋律几经跌宕起伏，婉转流连，使人不知不觉中被引入轻盈飘渺的梦幻世界。

关于这首曲子

这首曲子的作者是德国一位具有浪漫气质的天才作曲家—— 罗伯特·舒曼。他很早就显露出音乐、诗歌、戏剧等多方面的才华。舒曼生平创作了很多浪漫的音乐作品，创作灵感大多来自他和妻子克拉拉的情感经历，舒缓悠扬的旋律常常令人心醉神迷。《梦幻曲》是舒曼著名的组曲《童年情景》中的一首，按组曲内容来说是描写儿童生活的，但这部作品不只是为儿童所写，也是为成人所作，表现成年人对童年时光的回忆。

第207～208天

诗歌欣赏：《我是一个任性的孩子》（节选）

今天我们要和诗人顾城一起，用幻想编织一个美丽的世界，你会发现，诗歌的世界是多么美好啊！

也许
我是被妈妈宠坏的孩子
我任性

我希望
每一个时刻
都像彩色蜡笔那样美丽
我希望
能在心爱的白纸上画画
画出笨拙的自由
画下一只永远不会
流泪的眼睛
一片天空
一片属于天空的羽毛和
树叶
一个淡绿的夜晚和苹果
我想画下早晨
画下露水
所能看见的微笑
画下所有最年轻的
没有痛苦的爱情

我想画下遥远的风景
画下清晰的地平线
和水波
画下许许多多快乐的
小河
画下丘陵——
长满淡淡的茸毛
我让它们挨得很近
让它们相爱
让每一个默许
每一阵静静的春天的
激动
都成为一朵小花的生日

我还想画下未来
我没见过她，也不可能
但知道她很美
我画下她秋天的风衣
画下那些燃烧的烛火和
枫叶
画下许多因为爱她
而熄灭的心
画下婚礼
画下一个个早上醒来的
节日——
上面贴着玻璃糖纸
和北方童话的插图

我是一个任性的孩子
我想涂去一切不幸
我想在大地上
画满窗子
让所有习惯黑暗的眼睛
都习惯光明
我想画下风
画下一架比一架更高大
的山岭
画下东方民族的渴望
画下大海——
无边无际愉快的声音
最后，在纸角上
我还想画下自己
画下一只树熊
他坐在维多利亚深色的
丛林里
坐在安安静静的树枝上
发愣
他没有家
没有一颗留在远处的心
他只有，许许多多
浆果一样的梦
和很大很大的眼睛

我是一个孩子
一个被幻想妈妈宠坏的
孩子
我任性

第209~210天

胎教故事：《阿凡提的故事》

聪明的阿凡提有很多精彩有趣的故事，孕妈妈一定都不陌生，今天来给宝宝讲一讲吧。

阿凡提在镇子上开了个染坊，给附近的乡亲们染布，有一次，镇子上新来了个小法官，住在一个财主家里。那财主便觉得十分光彩，到处炫耀。

他向阿凡提吹嘘说："新来的法官老爷，是世上少有的聪明的法官老爷，他学识渊博，脑袋里充满了智慧。"

"有可能"，阿凡提说，"因为现在当法官的，办事情只看谁给的钱多，用不着智慧，所以智慧就都在他脑子里存起来了。"

一听这话，财主生气地"哼"了一声，回去就告诉给了法官。法官气急败坏，一心想找机会报复阿凡提一下。

这一天，法官在财主家拿了一匹布，来到阿凡提的染坊，用蛮横的口气说："阿凡提，给我把这匹布好好地染一染，让我看看你有多么高的手艺！"

"你要染成什么颜色的，法官先生？"

"我要染的颜色普通。它不是红的，不是蓝的，不是黑的，也不是白的，不是绿的，又不是紫的，不是黄的，更不是灰的。明白了吧？当染匠的阿凡提！"法官不怀好意地说，"听说你的智慧不光存在脑子里，还会用，你能染出来吗？"跟在法官身后的财主，也狗仗势人地说："阿凡提，要染不出法官老爷要的颜色，法官老爷可不会轻易饶恕你！"

阿凡提知道他俩是故意来寻衅闹事的，但仍毫不在意地把布接过来，说："这有什么难办的呢，我一定照法官先生的意思染。"

"你真的能染？"法官看着阿凡提那不慌不忙、蛮有把握的样子，吃惊地说，"那么，我哪一天来取呢？"

"你就照我说的那一天来取。"阿凡提顺手把布锁在柜子里，对法官说，"那一天不是星期一，不是星期二，也不是星期三，不是星期四，不是星期五，又不是星期六，连星期日也不是。到了那一天，我的法官先生，你就来取吧，我一定会使你满意的！"

法官被说得没了主意，那个财主更傻了眼，他俩一块儿灰溜溜地退出了染坊。

孕31周 能看、能听、能记忆的小天才

宝宝的本领

这周胎宝宝的身体和四肢继续长大，直到和头部比例相当。

皮下脂肪明显增多，在一周的时间里体重能够增加200克以上。

各个器官继续发育完善，肺部和消化系统已经基本发育完成，可以呼吸和分泌消化液。

而且胎宝宝喝进去的羊水可以经过膀胱排泄到羊水中，这是在为出生后的排尿功能进行锻炼呢。

胎宝宝的眼睛时开时闭，能够区分光明和黑暗，甚至能跟踪光源了，眉毛和睫毛也变得更加完整。

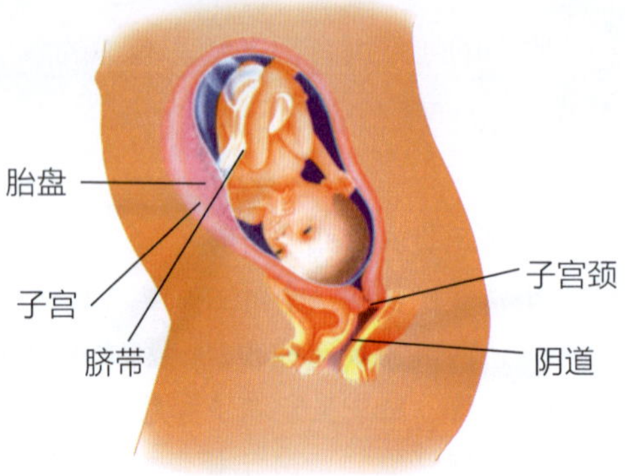

妈妈的变化

这周胎动有所减少。

由于子宫扩大挤压内脏，这周开始孕妈妈会感到呼吸困难和食欲缺乏，十分辛苦，但是不必过分担心，这种情况很快就会得到缓解。还会出现腰酸背痛、肚皮紧绷、双脚肿胀及小腿抽筋等不适症状，要知道这是正常现象，你需要做的只是多休息，定期接受产前检查。

孕妈妈的乳头周围、下腹及外阴部的颜色越来越深，身上的妊娠纹和脸上的妊娠斑也更为明显了。

本周胎教要点

营养胎教 这段时期孕妈妈可能正在为水肿的问题所困扰，可以吃点营养丰富又利水消肿的食物，例如鸭肉，它富含蛋白质、脂肪、维生素B_1、维生素B_2及钾、钠、氯、铁、钙等成分，具有滋阴养胃、利水消肿的功效。

图形卡片胎教 通过胎教的方式也可以教宝宝算术和几何图形。只要将抽象的数字和图形联想成具体的形象，宝宝就会非常感兴趣。

产科专家告诉你

为了防止以后哺乳时发生乳头破裂，孕妈妈应经常擦洗乳头，切忌用肥皂和酒精，然后涂一些油脂。对哺乳充满自信的心态将是产后母乳喂养成功的基本保证。

第211天

营养胎教：缓解便秘的营养菜

怀孕后期的孕妈妈仍容易受便秘之苦，因此应该多摄取富含膳食纤维的蔬菜和水果。今天，向准爸爸推荐两道有助于防治便秘的菜。

芹菜炒肉丝

材料 芹菜300克，瘦肉100克。

调料 植物油、盐、酱油、料酒、味精、花椒各适量。

做法

1.将芹菜择洗干净，切成3厘米长的段，放滚水里焯一下，捞出，在凉水中浸凉，沥干水分；将肉洗净切丝。

2.锅置火上，加油烧热，放入花椒炸至变色有香味，将花椒捞出，下肉丝炒至变色，加酱油、料酒炒匀，装盘。

3.锅中再加油，油热下芹菜，翻炒片刻，放入肉丝、盐、味精，炒匀即可。

韭菜炒虾仁

材料 虾仁300克，嫩韭菜150克。

调料 植物油、香油、酱油、盐、味精、料酒、葱、生姜、高汤各适量。

做法

1.将虾仁洗净，沥干水分；将韭菜择洗干净，沥干水分，切成2厘米长的段；葱洗净切丝，姜去皮，洗净切丝。

2.炒锅上火，放植物油烧热，下入葱丝、姜丝炝锅，炸出香味后放入虾仁煸炒2~3分钟，加料酒、酱油、盐、高汤稍炒，放入韭菜，急火炒约2分钟，淋入香油，加味精炒匀，盛入盘内即可。

第212～213天

认识数字

今天，孕妈妈来教胎宝宝认识数字吧。

孕妈妈准备儿童认数卡片（可以去书店买，也可以自己制作），然后找个舒适的地方坐下，面带微笑，心中想象胎宝宝认真学习的样子，手抚摸胎宝宝，用清晰的声音从“1”念到“10”，还可以给宝宝念儿歌，把儿歌中的画面传递给胎宝宝。

1像铅笔会写字，
2像鸭子水中游，
3像耳朵听声音，
4像小旗迎风飘，
5像称钩来买菜，
6像哨子吹声音，
7像镰刀来割草，
8像麻花拧一道，
9像蝌蚪尾巴摇，
10像铅笔加鸡蛋。

温馨提示

- 不论教宝宝什么，重要的是将学习内容与生活紧密地联系在一起，也就是说胎宝宝出生后，用身边的东西进行实物教学是最有效的。

第214~215天

胎教故事：《豌豆上的公主》

每个宝宝都是爸爸妈妈的小王子和小公主。今天，孕妈妈来给胎宝宝讲一个关于王子和公主的故事。

有一位王子，想找一位真正的公主做妻子，可是他走遍了全世界，也没有找到意中人。那些公主总有些地方不大对劲，使他不得不怀疑她们不是真正的公主。王子闷闷不乐回到家中，国王和王后都很替他担忧。

一个暴风雨的夜晚，一位姑娘敲开了王宫的大门，她的衣服全湿透了，长发散乱地贴在脸上，样子非常难看。可她说她是一位真正的公主。

许多人都不相信，王后决心验证一下。她走进卧室，在床上放了一粒小小的豌豆，然后把二十床垫子和二十床鸭绒被压在豌豆的上面。最后她把那位姑娘领进了卧室，让她好好睡上一觉。

第二天早晨，大家都跑来问姑娘休息得怎么样。姑娘皱着眉打着哈欠说："哦，我几乎整夜没有合眼，天晓得床上有个什么硬家伙，弄得我浑身难受极了！"

王后暗暗高兴，心想：那粒小小的豌豆是被压在二十床垫子和二十床鸭绒被底下的呀，可她居然能感觉出来，假如不是真正的公主，能有这么娇嫩的皮肤吗？

于是，王子就和公主举行了盛大的婚礼。

第216~217天

音乐胎教：《致爱丽丝》

今天，孕妈妈来欣赏下由贝多芬创作的节奏欢快的《致爱丽丝》吧！

什么时间听

上午或下午的空闲时间，孕妈妈可以播放这首曲子，享受轻松愉快的悠闲时光。

怎么听

乐曲以回旋曲式写成，环绕基本主题，有两个对比性的插段，一是带有莫扎特风格的明朗、欢乐情绪的音调，在F大调上呈现；二是建立在低声部的6音持续音上，色彩暗淡，节奏强烈，表现了孩子气的烦恼情绪。但这两个插段都比较短小，通过一连串的快速音型，很快又引回到开始时那个朴素的旋律，从而塑造了一个美丽、单纯而活泼的少女性格的音乐形象。

关于这首曲子

《致爱丽丝》塑造了温柔、美丽的特蕾泽，乐曲欢快亲切，特别在后半部分左右手交替演奏分解和弦，犹如二人亲切地交谈。

1808～1810年，近四十岁的贝多芬教了一个名叫特蕾泽·玛尔法蒂的女学生，并对她产生了好感。在心情非常甜美、舒畅的情况下，他写了一首《致特蕾泽》的小曲赠给她。1867年，在斯图加特出版这首曲子的乐谱时，整理者把曲名错写成《致爱丽丝》。从此，人们反而忘记了《致特蕾泽》的原名，而称之为《致爱丽丝》了。

孕32周 头朝下为出生做准备

宝宝的本领

本周的胎宝宝全身的皮下脂肪更加丰富，皮肤也不再又红又皱了，身体开始变得圆润，看起来更像一个婴儿了。

现在胎宝宝的头骨很软，还没有闭合，这是为了在出生时能够顺利通过产道，但是他身体其他部位的骨骼已经很结实了。他的各个器官继续发育完善，呼吸系统和消化系统发育已经接近成熟。

胎宝宝的身体长大了许多，孕妈妈子宫里的空间已经不够他施展手脚了。胎动的次数会比原来少，动作也减弱了，再也不像原来那样在孕妈妈肚子里翻筋斗了。

妈妈的变化

孕妈妈的体重仍在增加。这时会感到疲劳，行动更加不便，食欲因胃部不适也有所下降。但是为了在生产时更加轻松些，孕妈妈还是要适当地活动。

阴道分泌物和排尿次数都增多了，因此要注意外阴的清洁。

产科专家告诉你

提高睡眠质量的方法：睡觉前喝一杯牛奶；上床前冲个澡，或在32℃～35℃的水中泡脚20分钟；每天定时起床，去户外活动一下。

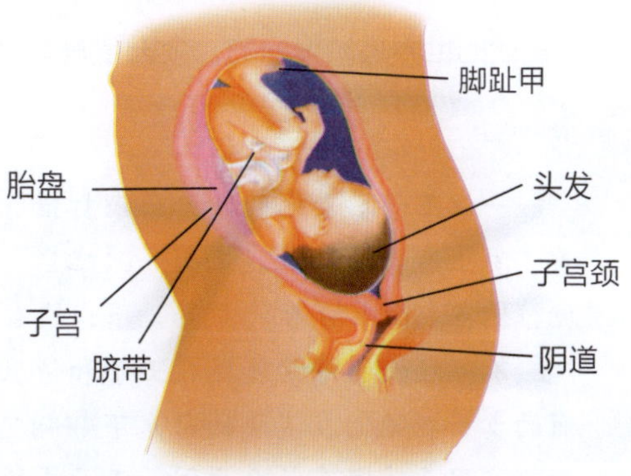

本周胎教要点

声音胎教 此时，孕妈妈应延续声音胎教，通过阅读、对话、说唱儿歌、放音乐等方式，帮助胎宝宝发展听觉，培养他对声音的敏感性。

情绪胎教 这一周，孕妈妈身体和心理都要承受更大的负担，此时，准爸爸的作用非常重要。为了使胎宝宝在意识萌动时期能够捕捉到更多爱的信息，准爸爸可以和孕妈妈一起来学习哺育、抚养宝宝的知识，一起准备宝宝出生后的用品，还要从身心两个方面来关心孕妈妈，帮助孕妈妈克服对分娩的恐惧心理，减轻孕妈妈的负担。

抚摸胎教 针对这个时期已经“成熟”的胎宝宝，准爸妈可以和胎宝宝进行更多的抚摸接触，增进与胎宝宝的感情，你的宝宝还会因此更加活跃呢。

第218天

胎教故事：《天鹅湖》（一）

童话的世界是最美丽的，今天孕妈妈就来和宝宝分享一个神奇而有趣的童话。

一位王子带着他的侍卫出来打猎。他们迷了路，来到湖边："王子殿下，您看，湖上有天鹅。让我来射一只吧！"侍卫惊奇地喊道。王子一看，五只白天鹅优雅地在湖面上游着。"等一下，快看！"王子喊道。

不可思议的情景展现在王子和侍卫眼前。白天鹅一只接一只地变成了五个美丽的少女。她们在淡淡的月光下翩翩起舞，王子静静地看着她们美丽的舞姿。心想，这里面一定有什么原因。王子走近少女："我叫齐格弗里德，我能帮助你们吗？"少女中最美丽的一位走近来说："我是邻国的公主奥德特，因为拒绝魔鬼洛德巴特的求婚，而被施了魔法。只有到了晚上，我们才能现出人的原形。"

王子听了十分气愤，正在这时，魔鬼洛德巴特变成猫头鹰朝王子扑来："喂！你以为能征服我吗？看我把你撕成碎片！"王子拔出剑，迎战猫头鹰。打了几个回合，猫头鹰的翅膀被剑刺伤。"王子，我不会饶你的。"猫头鹰喊着，惊惶地逃跑了。

"奥德特公主，怎样才能解除你身上的魔法呢？"王子问。"必须有一位英勇的王子，敢于当众宣布与我结婚。"公主说。王子十分高兴："明天晚上，我在城堡举行舞会。当众向你求婚！"

谁知，他们的对话被藏在树丛里的洛德巴特听到了，夜晚，城堡里正在举行盛大的舞会。来自远近六个国家的公主，正随着优美的乐曲摆动着美丽的舞姿。她们都希望能和王子结婚。可是，王子心里只想着奥德特公主。这时，奥德特公主出现在大厅里。王子牵起她的手，随着乐曲跳起舞来。所有的人都睁大眼睛惊叹道："啊！多么美丽的公主呀！"舞曲一结束，全场响起了祝福声和掌声。王子当众宣布："我将娶奥德特公主做我的妻子。"王子的话音刚落，大厅里又出现了一个奥德特公主。"王子殿下，她是冒牌的奥德特公主。洛德巴特为了阻止我们的婚姻，把他的女儿变成了我的样子。这样，你向她求了婚，我就永远无法摆脱他的魔法了。"

第219天

胎教故事：《天鹅湖》（二）

魔鬼的女儿变成公主的样子欺骗了王子，那么奥德特和少女们的命运将如何呢？王子最终能够解救公主吗？今天我们继续欣赏童话《天鹅湖》。

“没错！我是洛德巴特的女儿欧蒂尔。王子向我求婚了，奥德特就得永远做一只白天鹅了！”魔鬼的女儿大笑着说，接着，恶魔洛德巴特出现了。

“王子殿下，我就等着参加你和我女儿的婚礼啦！你永远也得不到奥德特啦！哈哈。”

“再见了，王子殿下。”奥德特公主说完，伤心地哭着向森林里跑去。王子紧紧地跟在后面去追奥德特公主。来到湖边，少女们正在等待着她的好消息。

“我们再也恢复不了人形了。我也不能和王子结婚啦！”听了奥德特公主的话，少女们哭作一团，奥德特公主对着天空说：“上帝，请您救救她们吧！我愿把生命献给您。”说完，拔出短剑对准自己的胸膛，王子赶来，打落公主手里的短剑：“我一定能救你，我会打败洛德巴特的！”王子说。“即使你打败了魔鬼，我身上的魔法也无法解除了。”公主伤心地说。

这时，魔鬼变成猫头鹰向王子扑来。王子举剑对准它的肚皮刺去。“噢，不！王子殿下，洛德巴特死了。魔法永远无法解除了。上帝啊！请帮助她们解除魔法，我愿把生命献给您。”奥德特公主说完转身投入湖水中，王子紧跟着也跳了下去。东方发白，不知为什么少女们没有变回天鹅。随着太阳从湖面升起，王子和公主手牵手从湖水中走出来。“啊！是王子和公主！”少女们欢呼起来。原来，上帝拯救了他们的生命，让他们重返人间。王子带着公主回到城堡，幸福地生活在一起。

第220天

名画欣赏：《摇篮》

纱帐中，熟睡的宝宝纯洁安静，母亲手抚摇篮，温情凝视。温馨的母子之情从画面上弥漫开来，相信准妈妈对此会有更深切的共鸣。看着贝尔特·莫里索这幅画，你对肚子里小宝贝的爱意是不是更加浓厚了呢。

第221~222天

音乐胎教：《漫步神秘园》

今天的音乐时间，孕妈妈要来欣赏一首爱尔兰风笛演奏的曲子，风笛的声音就像画眉鸟一样优美，第一个音符响起的一瞬间，相信你就会被感动了。

什么时间听

上午或下午闲下来的时候，或者是晚上的时候，静静地坐在那里，打开音乐，开始心灵的漫步之旅吧。

怎么听

在风笛甜美的声音里，你会听见一丝隐约的沙哑和沧桑，每一个尾音，会非常随意和放肆地留下一个回旋的音符，散漫慵懒，隐藏着纯朴和野性。

风笛流露出纯洁而洒脱的感情，那声音纯净得不似来自人间，仿佛是一缕新鲜的来自远方的风，吹拂过你的发丝和面颊，留下爱的感动。

关于这首曲子

这首爱尔兰风笛演奏曲《漫步神秘园》，是出自1999年制作的专辑《爱尔兰画眉》中，由一位女性六孔琴演奏家Joanie madden联合十多位演奏家制作的。

第223~224天

“推、推、推”的游戏

准爸妈可以轻轻从不同方位推动胎宝宝，动作一定要轻柔，感觉一下胎宝宝的反应，通常只要重复几次，胎宝宝就会做出响应。例如，当你轻轻推动胎宝宝，胎宝宝就会做出转身或是踢腿舞拳的动作。这样的互动实在太有趣了，准爸爸一定也要参与哦。可以一边做游戏一边与妻子和胎宝宝对话，能增进爸爸妈妈和宝宝的感情。

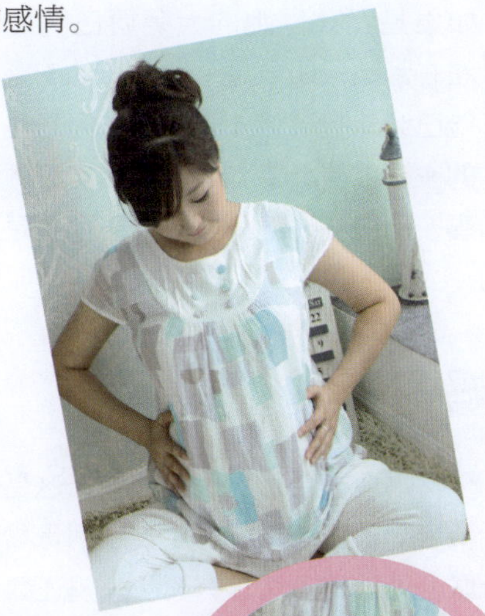

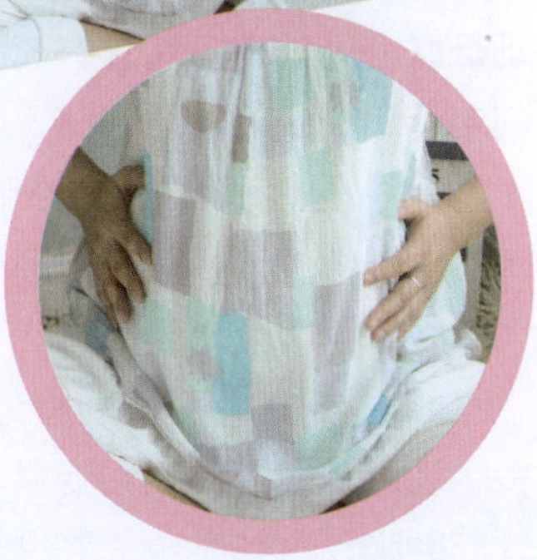

孕9月 变得红润可爱了

孕33周 我的五官开始工作了

宝宝的本领

这个时候，有的胎宝宝已长出了一头胎发，也有的头发稀少，但是这与孩子将来头发的多少并无关系。因此不用太在意。

胎宝宝的五官现在都在工作。

如果是女孩，她的大阴唇已明显隆起，左右紧贴；如果是个男孩，他的睾丸很可能已经从腹腔降入了阴囊，但是也有胎儿的一个或两个睾丸在出生后当天才降入阴囊。别担心，绝大多数男孩都会是正常的。

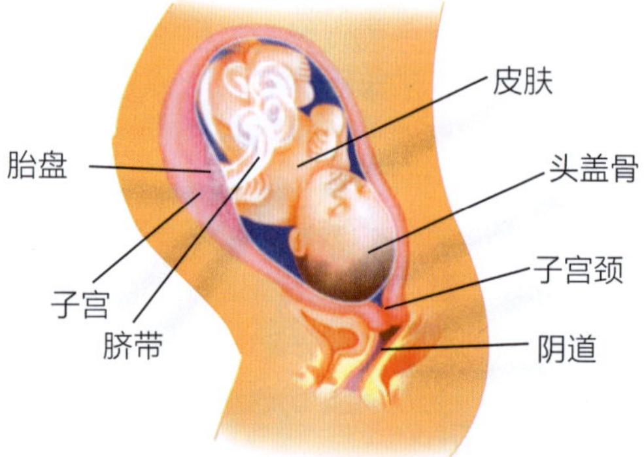

妈妈的变化

孕妈妈现在会感到尿意频繁，这是由于胎头下降，压迫膀胱。还会感到骨盆和耻骨联合处酸疼不适，有的孕妈妈还会感到手指和脚趾的关节胀痛，腰痛也会进一步加重。这些现象标志着胎儿在逐渐下降，全身的关节和韧带逐渐松弛，这是在为分娩做身体上的准备。

此时孕妈妈不规则宫缩的次数会增多、腹部阵发性地变硬变紧、外阴变得柔软而肿胀，这些都是正常的生理现象。

本周胎教要点

情绪胎教 已经到了最后冲刺阶段，孕妈妈难免会产生一些担心。从这一周起，调整情绪，做好产前心理准备，是很重要的胎教内容。可以根据自己的喜好和性格特点，通过唱歌、绘画、看电影等方式，一方面达到胎教效果，另一方面分散注意力，消除不良情绪。

运动胎教 孕妈妈在这个时期可以适当做一些运动，以活动全身肌肉，胎宝宝会通过你的运动得到更多的营养。锻炼的强度应该视自身条件而定，除坚持散步外，还可以进行一些四肢和骨盆运动。

第225天

孕妈妈看电影：《龙猫》

这部动画电影非常适合全家人一起观看，它可以唤醒自己童年的记忆和梦想，使你和宝宝的心灵更加相通。

什么时间看

上午、下午或晚上的休闲时光，可以拿出一个多小时的时间来观赏这部影片，相信它会为你留下非常深刻的印象，并勾起你很多童年的美好回忆。

怎么看

小女孩小月和妹妹小梅跟随爸爸搬入乡下新居，澄清的小河、茂密的森林、广阔的田野，住在其中有人、鸟、兽、昆虫，夏天的闷热、大雨、突然刮起的劲风、可怕的黑夜……“龙猫”的故事就在这样优美而充满魔幻现实主义风格的田园风光中展开。这部影片为孩子们编织出了一个纯真而快乐的梦想，让他们在生机蓬勃的大自然中奔跑、飞翔，传递出作者美好的心声。

关于这部影片

“在我们乡下，有一种神奇的小精灵，他们就像我们的邻居一样，在我们身边嬉戏、玩耍，但是普通人是看不到他们的，据说只有小孩子纯真无邪的心灵可以捕捉他们的形迹。如果静下心来倾听，风声里可以隐约听到他们奔跑的声音。”

这是影片的创作者宫崎骏幼年时在家乡听到的传说。年少的他也曾经在草丛中寻觅龙猫的踪迹。那段在乡下度过的美好时光，始终让成年后投身于动画事业的他念念不忘。在为孩子们编织的精巧的梦的感召下，《龙猫》问世了。

准爸妈看了这部影片，是不是也想要和孩子们一起去聆听大自然的声音？说不定你也可以听到身旁龙猫的呼吸声呢……

可爱的小梅和善良的大龙猫在一起，这么有趣的故事，孕妈妈一定要和宝宝一起欣赏哦。

第226~227天

孕妈妈唱歌：《雪绒花》

雪绒花在它的家乡奥地利象征着勇敢和为爱牺牲，在著名歌剧《音乐之声》中，以雪绒花为题材的这首歌，唱出了人们对祖国的热爱和祝福，旋律动人充满深情，打动了无数的人。孕妈妈在唱起这首歌的时候，带着对宝宝浓浓的爱和祝福，也会深深感动腹中的胎宝宝吧。

Edelweiss, edelweiss,
雪绒花，雪绒花，
Every morning you greet me.
每天清晨迎接我。
Small and white,
小而白，
Clean and bright,
纯又美，
You look happy to meet me.
总很高兴遇见我。
Blossom of snow may you bloom and grow,
雪似的花朵深情开放，
Bloom and grow forever.
愿永远鲜艳芬芳。
Edelweiss, edelweiss,
雪绒花，雪绒花，
Bless my homeland forever.
为我祖国祝福吧。
Edelweiss, edelweiss,
雪绒花，雪绒花，
Every morning you greet me.
每天清晨迎接我。
Small and white,
小而白，
Clean and bright,
纯又美，
You look happy to meet me.
总很高兴遇见我。
Blossom of snow may you bloom and grow,
雪似的花朵深情开放，
Bloom and grow forever.
愿永远鲜艳芬芳。
Edelweiss, edelweiss,
雪绒花，雪绒花，
Bless my homeland forever.
为我祖国祝福吧。

第228~229天

孕妈妈看图画

孕妈妈可以准备一张美丽的图片，在胎宝宝睡醒的时候，最好在晚上7～9点之间，打开优美的音乐，眼睛看着眼前美丽的图片，想着胎宝宝和你一起在看，想象胎宝宝头脑里也有这幅画。面带微笑，手摸胎宝宝，语调适中，以清晰的语言描述内容，重复三遍；闭上眼睛，进行“映像传递”五分钟。结束后，双手搓搓脸，再听会儿音乐。这样的训练是为了培养胎宝宝的思维和联想能力。

第230~231天

放松做运动

孕妈妈现在要学会放松，并享受与胎宝宝共处的每一刻。放松运动有助于孕期健康和分娩顺利，但要注意适当，不要做剧烈运动。

什么时间运动

早上、晚上都可以，花上20分钟就够了。

如何运动

戴上耳机，调暗灯光，坐在舒适的椅子上或躺下，平静一会儿，脑子里什么都不想。孕晚期的孕妈妈可以选择侧卧位，用垫子支撑着腹部。

伸展脚趾，感到牵拉力，然后慢慢放松，再摇动几下。

用力绷紧两膝和大腿肌，保持几秒钟，然后放松，让大腿向两侧摆动。

绷紧腹肌，给胎宝宝一个大的紧缩力，然后尽量放松，使胎宝宝的活动空间加大。

握拳，保持一段时间，然后松开手指。

尽量向上提肩，保持一段时间后再放下，反复进行，使双肩得到放松。

深呼吸，体会身体的感觉，让胎宝宝在越来越拥挤的空间里得到更多的氧气。

温馨提示

- 要想减轻分娩的痛苦，孕妈妈每日最好步行20分钟。若是快步行走则以60米的距离为宜。若是散步，时间不能太长，以不感到疲劳为宜。除散步外，孕妈妈也可以做一些力所能及的家务，适当慢慢地活动，有利于缩短产程。

孕34周 我变胖了

宝宝的本领

胎宝宝变胖了，他的皮下脂肪将会在出生后发挥调节体温的作用。

宝宝的头转向下方，头部进入骨盆，开始为见爸爸妈妈做准备了。但这个姿势并没有完全固定，还有可能发生变化，需要密切关注。

头骨现在还很柔软，而且骨头之间还留有空隙，有利于分娩时顺利通过狭窄的产道。

妈妈的变化

这时孕妈妈可能会发现脚、脸、手肿得比以前更明显了，脚踝部更是肿得很高，特别是在温暖的季节或是在每天的傍晚，肿胀程度会加重。此时不要限制水分，因为自身和宝宝都需要，宜限制盐的摄入量，采取左侧睡姿，能减轻水钠潴留和水肿。

本周胎教要点

语言胎教 本周孕妈妈需要继续通过阅读、朗诵的方式来对胎宝宝进行文学熏陶，提高他对语言的敏感度。

情绪胎教 孕妈妈可以继续采取以前所提到的听音乐、唱歌等方法来释放自己的情绪，绘画、剪纸也是不错的胎教方式。用笔画出优美线条的同时，你内心的情感也得到了释放，心情得到很好的调节。

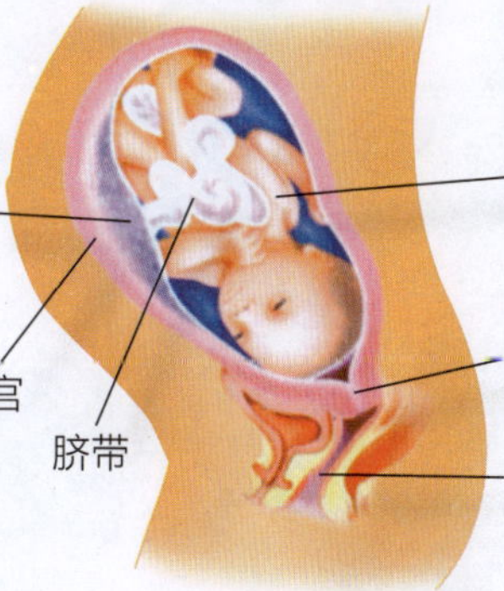

产科专家告诉你

孕妈妈这一阶段容易失眠，如果由于腿抽筋从睡梦中醒来，可尝试伸直腿部，走动一下伸展小腿等方法来缓解。

第232~233天

诗歌欣赏：《玩具》

泰戈尔的这首诗充满天真和善良。孕妈妈来读一读吧，可以一边读一边根据诗意在脑海中想象出一张天真烂漫的天使般的脸。

孩子，你真是快活呀，
一早晨坐在泥土里，
耍着折下来的小树枝儿。
我微笑地看你在那里耍着那根折下来的小树枝儿。
我正忙着算帐，
一小时一小时在那里加叠数字。
也许你在看我，
想着："这种好没趣的游戏，
竟把你的一早晨的好时间浪费掉了！"
孩子，
我忘了聚精会神玩耍树枝与泥饼的方法了。
我寻求贵重的玩具，
收集金块与银块。
你呢，无论找到什么便去做你的快乐的游戏，
我呢，却把我的时间与力气都浪费在那些我永不能得到的东西上。
我在我的脆薄的独木船里挣扎着要航过欲望之海，
竟忘了我也是在那里做游戏了。

第234~235天

做张漂亮的卡片

DIY总是能够让人心情愉快，因为只需你花一点心思，动动手，就会拥有一件独一无二的作品。孕妈妈今天来尝试做一张漂亮的卡片吧，做好后把它们收集起来，将来送给宝宝。也许它们不够完美，但也表达了你的一份心意。

花儿相框

1.用硬一些的纸板或彩色卡纸裁成长方形当底板。

2.把白卡纸裁成比底板稍小一些的长方形，贴在底板上面，做出一个相框。

3.把踏青采回的小野花粘在白卡纸上，或者用家里剩下的包装纸、碎布头剪出你想要的形状粘上去。

4.装上漂亮的蝴蝶结和装饰品，美丽的相框就做好了！

树叶贴画

1.采集一些大小、深浅不一的树叶。

2.根据树叶的特点自己创意构思一幅画面，可以是一种动物或一幕风景。树叶千姿百态，与很多物体的形状相似，只要打开思路，发挥你的想象，大胆地尝试，相信你一定会有非常有趣的创意的。

3.按照构思把树叶粘在卡片上，如果愿意，可以加上给宝宝的祝福语。这么别具一格的卡片，一定能把同胎宝宝共同度过的时光牢牢地锁在记忆中。

第236～237天

诗歌欣赏：《面朝大海，春暖花开》

这首诗表现一种温暖舒适的生活态度，让人感觉整个世界一片美好，孕妈妈不妨给宝宝读一读。

从明天起，做一个幸福的人
喂马、劈柴，周游世界
从明天起，关心粮食和蔬菜
我有一所房子，面朝大海，春暖花开
从明天起，和每一个亲人通信
告诉他们我的幸福
那幸福的闪电告诉我的
我将告诉每一个人
给每一条河每一座山取一个温暖的名字
陌生人，我也为你祝福
愿你有一个灿烂的前程
愿你有情人终成眷属
愿你在尘世获得幸福
我只愿面朝大海，春暖花开

——海子

第238天

准爸爸和胎宝宝对话

准爸爸同胎宝宝说说话，是父爱的表现，胎宝宝能够通过听觉和触觉，感受到父爱的温暖。

晚上，躺在妻子身边，可以和胎宝宝谈谈今天发生的趣事。例如："小宝宝，现在是晚上了，爸爸下班了。今天爸爸路过公园，看到那里的花都开了，特别漂亮！"当胎宝宝活动剧烈，妻子受不了时，可以告诉他："宝宝，这样会让妈妈难受的，要乖哦。"

只要准爸爸有耐心，和胎宝宝的谈话内容是相当丰富的。

爸爸跟宝宝说话的时候，也要听听宝宝对你积极的回应哟。

孕35周 小耳朵足够灵敏了

宝宝的本领

胎宝宝此时的听力已经充分发育，而且他的两个肾脏也已经发育完全，肝脏也可以自行代谢一些东西了。

尽管胎宝宝的中枢神经系统尚未完全发育成熟，但是现在肺部已基本发育完成，存活的可能性为90%。多数的正常胎宝宝如果此时出生，经过良好护理便可以很健康。

除此之外，宝宝的指甲长长了，有的可能会超过指尖。

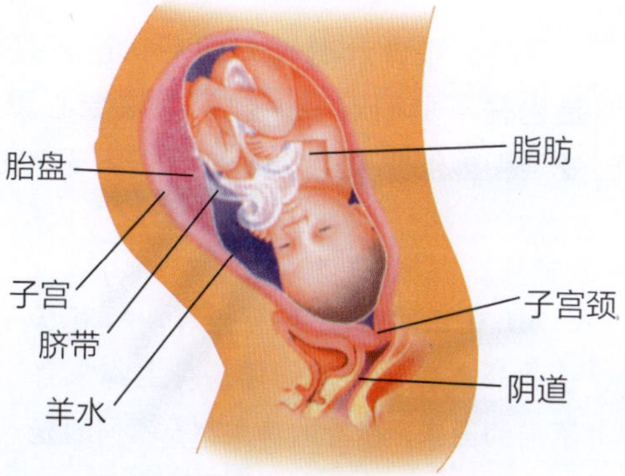

妈妈的变化

胎宝宝在不断长大，逐渐下降入骨盆，此时你可能会觉得腹坠腰酸，骨盆后部附近的肌肉和韧带变得麻木，甚至有一种牵拉式的疼痛，使行动变得更为艰难。在有的孕妈妈身上，这种现象可能逐渐加重，并将持续到分娩以后，如果实在难以忍受，可以向医生求助。

本周胎教要点

声音胎教 宝宝此时的听力已经非常发达。相对于其他声音来说，胎宝宝更喜欢听你的声音，唱一首你最喜欢的歌，或者给宝宝讲一个故事。不管胎宝宝是在你的子宫里还是将来在你的怀抱里，他都会喜欢与你这样共度美好的时光。

美育胎教 这个时期，准爸爸不妨陪伴孕妈妈去看美术展览，进入艺术的世界，品味和揣摩美感，领略生命的美好和奥妙，听你们一起讨论，和你们一起遐想，胎宝宝不知道有多欢喜呢！如果能在孕妈妈卧室挂一两幅充满情趣的名画或漫画，那就更好了。

产科专家告诉你

接近生产日，为了使产道柔软，阴道分泌物会增多；还会出很多汗，要经常冲洗、换内衣。注意冲洗时水温不要太高，否则会影响胎宝宝的神经系统。最好是与体温相近的38℃，洗澡时间不要超过15分钟。

第239~240天

妈妈宝宝爱动脑：爱因斯坦智力题

孕妈妈来做几道智力题吧，这可是爱因斯坦也喜欢的活动。虽然要花些时间，但是也并不是很难哦。静下心来专心思考、推理，让头脑更聪明，胎宝宝的大脑也会受到积极的影响呢。（参考答案见P184）

1.有五间房子排成一列，所有房子的外表颜色都不一样，房主都来自不同的国家，所有的房主都养不同的宠物，喝不同的饮料，抽不同的香烟。

（1）英国人住在红色房子里；（2）瑞典人养了一只狗；（3）丹麦人喝茶；（4）绿色的房子在白色的房子的左边；（5）绿色房子的房主喝咖啡；（6）吸 Pall Mall香烟的房主养鸟；（7）黄色房子的房主吸Dunhill香烟；（8）位于最中间的房主喝牛奶；（9）挪威人住在第一间房子里；（10）吸Blend香烟的人住在养猫人家的隔壁；（11）养马的房主在吸Dunhill香烟人家的隔壁；（12）吸Blue Master香烟的房主喝啤酒；（13）德国人吸Prince香烟；（14）挪威人住在蓝色房子的隔壁；（15）只喝开水的人住在吸Blend香烟的人的隔壁。

请问：谁养鱼？

2.三只羊和三只狼要过河，只有一条船，如果羊的总数少于狼，就会被吃掉。这条船只能运两只动物，并且船上必须留一只动物来掌舵，有什么办法可以让六只动物都过去且羊不被吃掉？

填字游戏答案（P184题目）

天	女	散	花	香	鸟	语
大			阶			不
地			柳			惊
大	行	大	市	井	小	人
地			井			定
回			俗			胜
春	色	撩	人	众	胜	天

第241~242天

准爸爸讲百科：李白名字的来历

今天，准爸爸来给宝宝讲一讲李白的故事。李白是我国唐代非常著名的大诗人，而且李白这个名字非常特别，那么这个名字是怎么来的呢？

据说李白周岁抓周时，抓了一本《诗经》。他父亲很高兴，认为儿子长大后可能成为有名的诗人，就想为李白取一个好名字，以免后人笑自己没有学问。由于他对给儿子起名十分慎重，越慎重就越想不出来，直到儿子七岁，还没想出合适的名字。

那年春天，李白的父亲对妻儿说："我想写一首春日绝句，只写两句，你母子一人给我添一句，凑合凑合。一句是'春风送暖百花开'，一句是'迎春绽金它先来'。"母亲想了好一阵子，说："火烧杏林红霞落。"

李白等母亲说罢，不加思索地向院中盛开的李树一指，脱口说道："李花怒放一树白。" 父亲一听，拍手叫好，果然儿子有诗才。他越念心里越喜欢，念着念着，忽然心想这句诗的开头一字不正是自家的姓吗？这最后一个白字用得真好，正说出一树李花的圣洁如雪。于是，他就给儿子起名叫李白。

这个故事是不是很有意思？七岁的小李白就如此才华横溢，与他爸爸妈妈的重视和教育肯定分不开。他们如此重视儿子的名字，那么我们的准爸爸和孕妈妈想好宝宝的名字了吗？如果你的宝宝名字也有一个出处或有一个渊源，是不是更有意义，更能让人记住呢？对宝宝的到来满怀期待的准爸爸和孕妈妈也来运用你们的智慧和学识为胎宝宝取一个很棒的名字吧！

第243～245天

胎教故事：《拔萝卜》

这是一个很风趣的民间童话，是很多妈妈儿时最喜欢听的故事，现在讲给宝宝听吧。

一个春天的早上，小白兔在荒废的菜地里发现了一只大萝卜。他可高兴啦，这个萝卜够他吃上一个星期了。小白兔拔啊拔，可是萝卜太大了，他用尽全身力气还是拔不出来。这时小猴从这里经过，小白兔请他过来帮忙。小猴跟小白兔一起使劲拽，可大萝卜还是稳稳地插在地里头。

小猴看见小白兔着急的样子，说："别着急，我刚刚过来的时候，碰见小猪在附近的草丛中睡懒觉。看小猪长得胖乎乎的，力气肯定比我们大，我去把他叫过来帮忙。"

小猴跑到草丛中叫醒小猪一起来帮忙，可是小猪也拔不动。小猴正想让小猪再使点儿劲，突然听见呼呼的鼾声，一回头，发现小猪又睡着了。

这可怎么办呢？他们看着露出一圈红皮的大萝卜直发愁。一头身材魁梧的小熊走过来了，小熊得知他们是在为一个萝卜而发愁，不禁笑起来："一个小萝卜算什么？看我的！"

小熊将小兔、小猴和小猪都赶到一边去，搓了搓手掌，想自己拔出萝卜，炫耀一下。结果，他手一滑，摔倒在地上，萝卜还是没有动弹。小猴赶紧过去把他扶起来。

小猴说："这样不行，我们得一个拽一个，使劲儿往外拔，才能拔出来。"于是他们就站成一列，小熊打头阵，后面是小白兔，小白兔身后是小猴，小猴身后是小猪。正要开始时，听见一个尖细的声音说："也算我一个！"大家到处找，找不见人影，最后在地上发现了一只小小的蜗牛。

"一只小蜗牛，你能干什么？"小熊很是瞧不起。

"哼，别小瞧我，我能帮你们松土，让大萝卜更顺利地被拔出来。"

大家一听，这挺有道理的，于是让蜗牛在地底松土，他们再使劲儿往外拔。拔啊拔，大萝卜终于被拔出来了！

大家齐心协力，将美味爽口的大萝卜拔出来。

孕36周 肾脏发育完全了

宝宝的本领

此时胎宝宝表现出对声音的喜好，他愿意听你朗读或唱歌。

胎宝宝的肾脏已经发育完全，肝脏已经能够处理一些废物。

他在活动时，小手肘、小脚丫和头部会清楚地在腹部凸现出来。

妈妈的变化

现在孕妈妈有时会感到下腹部坠涨、发硬。体重已经达到最高峰，起居坐卧都非常费力，有时孕妈妈甚至会时时有宝宝要出来的感觉，还经常有尿意。此时上下楼梯和洗澡时一定要注意安全，防止滑倒。

产科专家告诉你

很多孕妈妈都在担心，分娩前如果羊水大量流失怎么办。其实，破水的时候，羊水急泻是很少见的，所以不必过分担心。另外，妇产科大夫会在预产期前为你检查胎宝宝的情况，如果他的小脑袋已经进入产道，羊囊膜破了，羊水流入产道，这个时候就应该去医院了。

如果破水来得太早，比预产期提前很多天，也需要去医院。注意必须平躺着被送往医院，否则容易压迫胎宝宝的脐带。

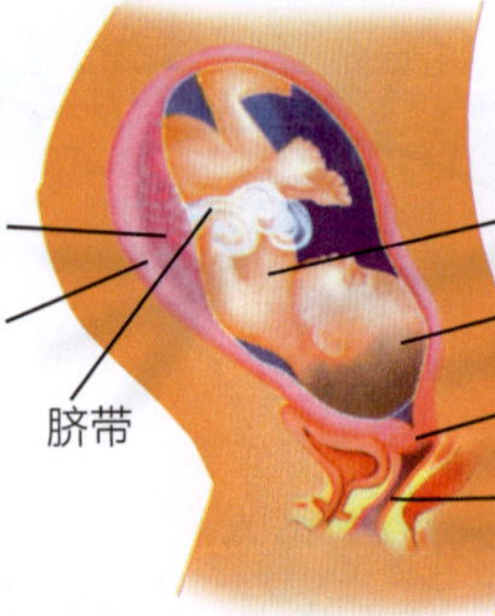

本周胎教要点

情绪胎教 分娩的日子越来越近了，孕妈妈要尽量克服紧张情绪，恐惧心理对胎宝宝是一种不良的刺激。要多想想未来的美好生活，把所见所想的美景都传递给胎宝宝，不要让乱糟糟的情绪破坏自己和宝宝的平静，要做一个快乐美丽的孕妈妈。

音乐胎教 胎宝宝正在孕妈妈的体内增长力气和重量，活动越来越频繁，力气也越来越大，在他安静的时候，孕妈妈要让他多休息，不要过多地刺激他，可以给他听些轻柔流畅的音乐。

阅读胎教 趁着现在的休息时间多，把握机会欣赏一本好的文学作品吧。与一位精神高尚的人谈话，会使人精神振奋，耳目一新，孕妈妈和胎宝宝都会受益。最好选择一些内容轻松、幽默的作品，而避免可能引起不良情绪的作品。

光照胎教 前面我们跟胎宝宝做过光敏感游戏，从这周开始，孕妈妈就要有意识地对胎宝宝定时进行光照胎教，以培养胎宝宝的昼夜节律。

第246天

音乐胎教：《小夜曲》

《小夜曲》是一种非常抒情的音乐，今天我们要推荐孕妈妈来听的是海顿所作的《F大调第十七弦乐四重奏》的第二乐章《如歌的行板》。

什么时间听

在寂静的黄昏、夜晚，孕妈妈可以坐在窗前，望着窗外的景色，听这首曲子。

怎么听

这首小夜曲，色彩明朗，节奏轻快，旋律优美，具有一种典雅而又质朴的情调，表现了无忧无虑的意境，如同一个少年在倾诉对爱人的思念，让人心旷神怡。乐曲由第一小提琴奏出柔美亲切的主题，充满欢乐的情绪。其他三个声部由第二小提琴、中提琴、大提琴用拨弦模仿吉他的音响为之伴奏。篇幅较小，显得很精致。旋律轻盈、优美。曲中连续出现了三次远距离大跳，但旋律线条依然流畅并富有歌唱性，结尾也仍保持着清晰、动听的歌唱性旋律。

关于这首曲子

此曲原为海顿F大调第十七弦乐四重奏的第二乐章，名为《如歌的行板》，后来被改编为管弦乐曲、小提琴独奏曲、吉他曲等，也被称作《小夜曲》。海顿一生中共写有80余首弦乐四重奏，大多是欢乐热情的风格，这首也不例外。这是一首典型的器乐小夜曲，是海顿在1771年所作。听了这首充满生气的曲子，相信孕妈妈会心情愉快的。

第247天

营养胎教：孕妈妈爱吃的开胃健脾菜

今天推荐准爸爸为孕妈妈下厨做一些色、香、味俱全的食物，既符合孕妈妈的口味，又营养丰富。

银耳羹

材料 银耳5克，鸡蛋1个。

调料 冰糖、香油各适量。

做法

1.将银耳用温水发透，放砂锅内煮烂。

2.将冰糖放入另一锅中，加水，上火溶化，把鸡蛋取蛋清对入清水少许，搅匀后倒入糖水中，烧开后，打去浮沫，倒入沙锅内，起锅时加入少许香油即可。

功效

银耳羹有养阴润肺，益气生津的功效，还对阴虚型高血压、失眠等症状有很好的辅助调养效果。

胡萝卜鸭肝

材料 胡萝卜150克，熟鸭肝250克。

调料 酱油、盐、味精、葱、生姜、植物油、料酒、水淀粉、香油各适量。

做法

1.将葱、生姜洗净，切成末；胡萝卜洗净切成片；熟鸭肝切成片。

2.锅内倒油烧热，用葱、姜末炝锅，放入胡萝卜、鸭肝，烹入料酒、酱油炒熟，用水淀粉勾芡，加入盐、味精、香油调味，出锅即可。

功效

这道菜色泽鲜艳，清淡香脆。胡萝卜、鸭肝两者相配成菜，能提供丰富的胡萝卜素、维生素、钙和铁，可以养血补肝、明目、和胃润肠，使皮肤光洁柔滑，减退色素。

第248天

名画欣赏：《小淘气》

今天向孕妈妈推荐欣赏的是布格罗的另一幅画。画面中小女孩翻墙下不来，被路过的母亲搭救，母女相互对视，“悔过”“原谅”，彼此复杂的情绪被刻画得淋漓尽致。孕妈妈是不是已经能理解并体会这种复杂的情绪了呢？

第249天

诗歌欣赏：《人间四月天》

人间四月正是一年四季当中的春天，在这暖意融融的季节里，人们都沐浴着大自然爱的光辉。我们的孕妈妈也是一样，怀着对宝宝的爱，温柔地朗诵这首诗吧。

我说你是人间的四月天，
笑音点亮了四面风，轻灵
在春的光艳中交舞着变。
你是四月早天里的云烟，
黄昏吹着风的软，星子在
无意中闪，细雨点洒在花前。
那轻，那娉婷，你是，鲜妍
百花的冠冕你戴着，你是
天真，庄严，你是夜夜的月圆。
雪化后那片鹅黄，你像；新鲜
初放芽的绿，你是；柔嫩喜悦
水光浮动着你梦中期待的白莲。
你是一树一树的花开，是燕
在梁间呢喃，——你是爱，是暖
是希望，你是人间的四月天！

——林徽因

第250天

进行光照胎教

当胎宝宝醒来时，孕妈妈用手电筒的微光，一闪一灭地照射腹部，重复三次，可以促进胎宝宝视觉功能的健康发育。你可以一边做，一边和胎宝宝说话，例如告诉宝宝“现在是早晨或中午”。特别应该注意的是光照胎教切忌用强光照射，且时间不宜过长。也可以在晒太阳的时候，摸着自己的腹部，告诉胎宝宝，现在是什么时间，天上有没有云朵，阳光有多温暖，外面的世界有多美丽。

第251~252天

孕妈妈的照片

挑选几张自己近期拍的照片贴在上面，写几句自己此时的感想，可以是想要对宝宝说的话，或自己为宝宝创作的一首儿歌、诗歌，或者写写马上就要和宝宝见面的心情等。

孕10月

小天使如约而至

孕37周 我是足月的宝宝了

宝宝的本领

本周的胎宝宝已经完全入盆，到这周末，就可以成为足月儿了。

这时候，胎宝宝的头发已经长得又长又密了，但是不必对宝宝头发的颜色或疏密过多地担心，出生后随着营养补充，头发会更加浓密光亮的。

妈妈的变化

这一周，孕妈妈的肚子越来越大，是不是感觉下腹部的压力越来越大，突出的肚子逐渐下坠？这就是通常说的胎宝宝入盆，是在为分娩做准备。这时你的肺和胃都会觉得好受一些，食欲有所好转，但是行动却日益困难，同时不规则宫缩频率增加，小便次数也在增加。

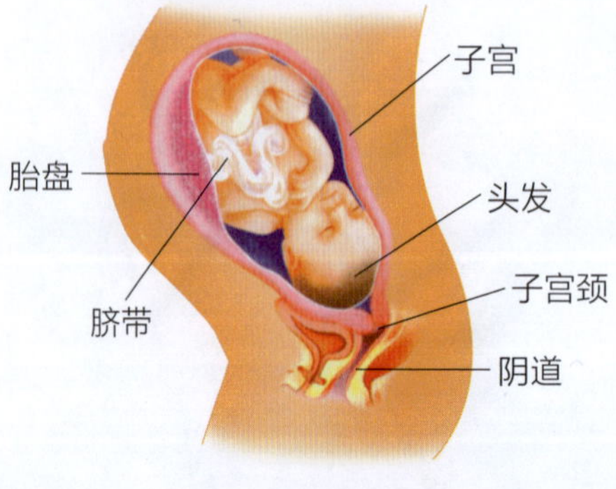

本周胎教要点

情绪胎教 胎宝宝和孕妈妈的感情有着紧密的联系，这一周，调试情绪是很重要的，要不断鼓励自己，为即将到来的分娩做好心理准备。

运动胎教 孕妈妈要做一些放松自己的身体运动来松弛肌肉，让自己感觉更舒适，精神也更放松，这样胎宝宝才能获得一个更加健康良好的母体环境。

声音胎教 孕妈妈要把生活中遇到的事或自己正在做什么“顺便”讲给宝宝听，通过与胎宝宝一起感受一整天的生活，来培养宝宝对孕妈妈的信赖感和对外界的感知。

产科专家告诉你

到本周的时候，沉重的身体加重了下肢的负担，睡觉前可以按摩腿部或者将脚垫高。

第253天

诗歌欣赏：《饮酒》

今天我们来欣赏陶渊明的诗《饮酒》。孕妈妈品读这首诗的时候，要将自己完全融于诗中的意境，与大自然融为一体，反复体会，去感悟人生的真谛。

饮酒

陶渊明

结庐在人境，而无车马喧。
问君何能尔，心远地自偏。
采菊东篱下，悠然见南山。
山气日夕佳，飞鸟相与还。
此中有真意，欲辨已忘言。

这首诗表现了一种远离世俗的愿望和亲近自然的生活状态，蕴含着深刻的人生哲理。写出了诗人的清淡和闲适，也写出了山的静穆和安然。似乎在这一瞬间，诗人完全融化于自然之中，到达了生命最完美的时刻。

第254天

教胎宝宝认识颜色

经过前面一段时间的胎教，胎宝宝已经从孕妈妈那里学到不少东西了。今天孕妈妈来教胎宝宝认识颜色，进一步培养胎宝宝的视觉能力和思维能力。

方法

孕妈妈可以拿起一个颜色鲜艳的物体，例如红色卡片、红色气球、红色蜡笔等，不断地对胎宝宝说："这是红色的。"然后再拿出另外的一个红色物体，告诉他："这也是红色的。"再把所有的红色物体放在一起，告诉胎宝宝："这些都是红色的。"

温馨提示

- 学习认识颜色的时间最好固定，要在胎宝宝醒着的时候进行。在教的时候，尽量重复红色这个词，避免提到其他颜色。其他颜色的学习可以留在以后来慢慢认识。

第255～256天

读《安徒生童话》

孕妈妈和准爸爸对《安徒生童话》一定不陌生，里面有好多有意思的小故事。它们贴近生活，充满了对世界的美好愿望。而且，《安徒生童话》具有非常丰富的想象力，充满各种色彩和优美的意境。如果孕妈妈能仔细阅读这些作品，不但能提高自己的修养，还能够激发对胎宝宝更深厚的爱，也为宝宝的教育积累了更加丰富可靠的资源。

下面推荐几篇作品，供孕妈妈参考。

1 《丑小鸭》可以告诉宝宝，人难免对自己有不满意，但是当你不断成长，坚持不懈，终究有一天会发现，自己已经成为了一只美丽的天鹅。

2 《一个豆荚里的五粒豆》可以让人懂得，只有通过自己的努力，带给别人幸福、美和希望，才是能走到最远的一个。

3 《野天鹅》 可以鼓励自己和胎宝宝，只有有勇气和毅力的人，才能够获得最终的幸福。

4 《云杉》 每个孩子都要知道小云杉的故事，它告诉我们要珍惜眼前的一切，当幸福在我们身边的时候，我们应该去好好感受它。

第257天

手工胎教

我们都知道，锻炼自己的手指可以使脑部变得发达。所以，进行手工活动也是意念胎教的一种手段。相信你只要用心投入，就会获得非常愉快的体验。因为这种胎教方法不但能对胎宝宝脑部产生一定的刺激作用，还可以平静心情，提高注意力，在搭配不同颜色的过程中，也可以使自己的色彩感得到提升，可谓一举多得。

空闲又精神良好的时候，孕妈妈可以亲手为即将出生的宝宝做个爱心玩偶。做玩偶既动手又动脑，对孕妈妈是很有益的锻炼，也能让未来的宝宝更加心灵手巧。袜子娃娃的做法不复杂，取材也方便，更重要的是每个人都可以做出独一无二的娃娃，是非常有个性的DIY作品。

孕妈妈可以按照下面给出的方法做一个袜子娃娃。

准备材料

水彩笔、袜子、针线、剪刀、扣子（如果没有，也可以直接用画笔画娃娃的眼睛）、棉花。

手工步骤

1 用水彩笔画出袜子娃娃的样子，将袜子脚后跟部位做脸部，然后剪出效果图。

2 将袜子翻过来，将大脚趾和小脚趾部位缝合。然后翻回正面，别成两个耳朵。

3 两个耳朵分别塞两团棉花，揉搓至均匀饱满，用同样的方法将脸部、身体部位塞一团棉花，然后缝合底部。

4 画出嘴巴的线条，用针线缝出来，完工。

活灵活现的袜子娃娃是不是很可爱啊，孕妈妈赶紧给肚子里的胎宝宝做一个吧！

第 258 天

孕妈妈做保健操

胎宝宝在不断长大，加重了孕妈妈下肢的负担，学习一些放松下肢肌肉的方法，可以让自己的身体更加舒适，也是放松精神的一种手段。孕妈妈要告诉自己：爱运动的妈妈才有更健康的宝宝。

你在花园散步、在马路上行走或在床上休息时都可以做相应的保健动作练习。

精神松弛法

精神上的松弛是肌肉松弛的先导。如果要松弛身体，要先摒除杂念，使头脑静下来。操作方法：缓慢地、均匀地呼吸，每一次吸气、呼气都要轻轻地，不要太用力，要匀、细、绵、长。

肌肉松弛法

孕妈妈先仰卧，然后用几个枕头把肩背部及膝关节垫高，要做到使自己感到舒适，全身各个部分肌肉轮流进行收紧和放松，可以从足趾开始。

大腿肌肉练习法

怀孕期间孕妈妈的大腿要承受胎宝宝不断增加的重量压力，能否使下半身的血液顺利回流，减少下肢浮肿，就取决于大腿的功能状态。因此可以通过每天适当步行来活动大腿，不要只坐着或躺着。

按摩松弛法

屈膝坐好，用两只手捏住左脚，两手大拇指并齐，沿脚背两根脚趾骨的骨缝向下按摩，2~3分钟后换另一只脚。

盘腿坐好，抬起左脚，将右手的四根手指（除大拇指外）从左脚的脚底方向全部插进脚趾缝里，刺激脚趾缝，1分钟左右，然后换另一只脚。

第259天

胎教故事：《女娲补天》

孕妈妈今天来给胎宝宝讲《女娲补天》的神话故事，别忘了告诉宝宝，我们的民族有着悠久的历史和灿烂的文化，我们应该了解并热爱她。

很久很久以前，水神共工和火神祝融为了争当领袖大战了一场。结果，共工被打败了。他宁死不屈，一头撞在西北的不周山上，把山撞倒了。那不周山原来是撑天的柱子，这一倒，天就塌下来一块，出了一个大窟窿。天河里的水就顺着窟窿哗哗地倾泻下来，淹没了田地、庄稼、牲畜和房屋。还有大火蔓延，人类处在水深火热之中。女娲——传说是造人之神，看到她的儿女们遭到如此巨大的灾难，心里万分难过，就率领人类与洪水作斗争。水是从天的窟窿里流下来的，所以要设法堵住天的漏洞。女娲四处奔波，遍涉群山，最后选择了东海之外的海上仙山——天台山。天台山是东海上五座仙山之一，五座仙山分别由神鳌用背驼着，以防沉入海底。女娲为何选择天台山呢，因为只有天台山才出产炼石用的五色土，是炼补天石的绝佳之地。于是女娲在天台山顶堆巨石为炉，采集了红、黄、蓝、白、黑五种颜色的石子，烧了九天九夜，熔成五色巨石36501块，然后又历时九天九夜，用36500块五彩石补好了天的窟窿。剩下的一块遗留在天台山中汤谷的山顶上。

天是补好了，可是却找不到支撑四极的柱子。要是没有柱子支撑，天就会塌下来。情急之下，女娲只好将背负天台山之神鳌的四只足砍下来支撑四极。可是天台山要是没有神鳌的负载，就会沉入海底，于是女娲将天台山移到东海之滨的琅琊，就是今天日照市涛雒镇一带。至今天台山上仍然留有女娲补天台、补天台下有被斩了足的神鳌和补天剩下的五彩石，后人称之为太阳神石。

女娲补天之后，天地定位，洪水归道，烈火熄灭，四海宁静。人们在天台山载歌载舞，欢庆补天成功，同时在山下建立女娲庙，世代供奉，朝拜者络绎不绝，香火不断。

孕38周 临近出生，我安静多了

宝宝的本领

本周，胎宝宝的头会在你的骨盆内轻轻摇摆着，不要担心，周围有骨架保护，很安全。

这时，胎宝宝的头发已经长得很长，而且比较浓密。当然也有一些胎宝宝一点头发都没长。胎宝宝身上原来覆盖着的一层细细的绒毛和大部分白色胎脂已经逐渐脱落，这些物质及其他分泌物也被胎宝宝随着羊水一起吞进肚子里，贮存在肠道中，变成黑色的胎便，在出生后的一两天内排出体外。

妈妈的变化

大部分的孕妈妈体重不再增加了，但是还是会觉得不舒服。平时要注意小心活动，避免长期站立等。

妈妈现在既盼望快点与宝宝见面，又畏惧分娩的疼痛，可能会出现紧张、烦躁、焦虑的情绪，这是正常现象，有准备的你应该很快就可以调整过来。

要密切关注自己身体的变化，一出现临产征兆，就要入院待产。

本周胎教要点

运动胎教 动手做一些小手工吧，剪纸、编织都可以。可能最终做出的效果不是很好，但在动手的过程当中，通过手指细致、灵敏的动作你已经对胎宝宝进行了很好的胎教。

音乐胎教 胎宝宝现在具有比较强大的记忆存储功能了，孕妈妈可以利用这种记忆力对胎宝宝进行胎教。让宝宝听一听熟悉并喜爱的曲子，或者每天都给宝宝唱摇篮曲，宝宝会将这种感知体验保留在记忆中直到出生以后。

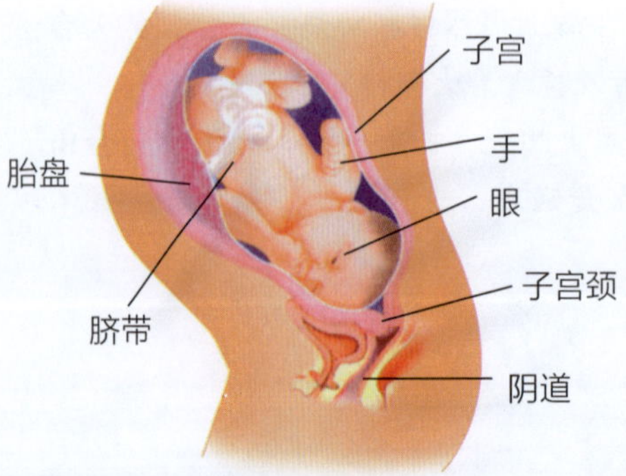

产科专家告诉你

孕妈妈在做运动前要先排空膀胱，最好选择硬板床或在地面上做，要穿宽松的衣服（解开带扣）。最好选择在就寝前和早餐前做。方法要正确，注意安全。次数由少渐多，不要过度劳累。

第260天

胎教故事：《小蝌蚪找妈妈》（一）

母爱总是一样的，青蛙妈妈爱小蝌蚪，就像我们的孕妈妈爱胎宝宝。

暖和的春天来了，池塘里的冰融化了，柳树长出了绿色的叶子。

青蛙妈妈在泥洞里睡了一个冬天，也醒来了。她从泥洞里慢慢地爬出来，伸了伸腿，扑通一声，跳进池塘里，在碧绿的水草上，生下了许多黑黑的、圆圆的卵。

春风吹着，阳光照着，池塘里的水越来越暖和了，青蛙妈妈生下的卵，慢慢地活动起来，变成一群大脑袋、长尾巴的小蝌蚪。

小蝌蚪在水里游来游去，非常快乐。

有一天，鸭妈妈带着小鸭到池塘来游水。小鸭子们跟在妈妈后面，嘎嘎嘎叫着。小蝌蚪看见了，就想起了自己的妈妈。

他们你问我，我问你："我们的妈妈在哪里呢？"可是谁也不知道。

他们一齐游到鸭妈妈身边，问："鸭妈妈，鸭妈妈，您看见过我们的妈妈吗？您告诉我们，她在哪里？"

鸭妈妈亲切地回答说："看见过。你们的妈妈有两只大眼睛，嘴巴又阔又大。好孩子，你们到前面去找吧！"

"谢谢您，鸭妈妈！"小蝌蚪高高兴兴地向前面游去。

一条大金鱼游过来了，小蝌蚪看见大金鱼头顶上有两只大眼睛，嘴巴又阔又大。他们想：一定是妈妈来了，就追上去喊："妈妈！妈妈！"

大金鱼笑着说："我不是你们的妈妈。我是小金鱼的妈妈。你们的妈妈肚皮是白的，好孩子，你们去找吧！"

"谢谢您！金鱼妈妈！"小蝌蚪又向前面游去。

一只大螃蟹从对面游了过来。小蝌蚪看见螃蟹的肚皮是白的，就迎上去大声叫："妈妈！妈妈！"

螃蟹摆着两只大钳子，笑着说："我不是你们的妈妈。你们的妈妈只有四条腿，你们看我有几条腿呀？"

小蝌蚪一数，螃蟹有八条腿，就不好意思地说："对不起呀，我们认错了。"

第261天

胎教故事：《小蝌蚪找妈妈》（二）

鸭妈妈、大金鱼、大螃蟹都不是小蝌蚪的妈妈，小蝌蚪的妈妈到底在哪呢？它们最后找到妈妈了吗？

一只大乌龟在水里慢慢地游着，后面跟着一只小乌龟。小蝌蚪游到大乌龟跟前，仔细数着大乌龟的腿："一条，两条，三条，四条。四条腿！四条腿！这回可找到妈妈啦！"

小乌龟一听，急忙爬到大乌龟的背上，昂着头说："你们认错啦，她是我的妈妈。"

大乌龟笑着说："你们的妈妈穿着好看的绿衣裳，唱起歌来'呱呱呱'，走起路来一蹦一跳。好孩子，快去找她吧！"

"谢谢您，乌龟妈妈。"小蝌蚪再向前面游过去。

小蝌蚪游呀游呀，游到池塘边，看见一只青蛙，坐在圆圆的荷叶上"呱呱呱"地唱歌。

小蝌蚪游过去，小声地问："请问您：您看见我们的妈妈了吗？她有两只大眼睛，嘴巴又阔又大，四条腿走起路来一蹦一跳的，白白的肚皮绿衣裳，唱起歌来呱呱呱……"

青蛙没等小蝌蚪说完，就"呱呱呱"大笑起来。她说："傻孩子，我就是你们的妈妈呀，我已经找了你们好久啦！"

小蝌蚪听了，一齐摇摇尾巴说："奇怪！奇怪！为什么我们长得跟您不一样呢？"

青蛙笑着说："你们还小呢。过几天，你们会长出两条后腿来；再过几天，又会长出两条前腿。四条腿长齐了，脱掉尾巴，换上绿衣裳，就跟妈妈一样了。那时候，你们就可以跳到岸上去捉虫吃啦。"

小蝌蚪听了，高兴得在水里翻起跟斗来："呵！我们找到妈妈了！我们找到妈妈了！"

青蛙扑通一声跳进水里，带着小蝌蚪一块儿游玩去了。

后来小蝌蚪长大了，变成了小青蛙。小青蛙常常跳到岸上捉虫吃，还快活地唱着："呱呱呱，呱呱呱，我们长大啦！我们长大啦！我们会捉虫，捉尽了害虫，保护庄稼。"

第262~263天

音乐胎教：《维也纳森林的故事》

孕妈妈仔细地听一听，《维也纳森林的故事》在讲述着什么？那是一个晴朗的早晨，大森林如此的宁静。听，是什么声音由远及近地传来？有鸟叫声、马蹄声、铃铛声……

什么时间听

在晴朗的早晨，当阳光照进房间，孕妈妈打开音乐，一边听一边享受着清晨温暖的日光，此时你可以告诉宝宝：生活真美好啊！

怎么听

这首乐曲由序奏、五个圆舞曲和尾声构成，用活泼轻快又优雅流畅的旋律描绘了优美动人的风景，孕妈妈可以一边听，一边想象：春天的早晨，晨曦透过浓雾照进维也纳森林，鸟儿婉转鸣叫，小河波光粼粼，羊儿在草地上吃草，画面色彩斑斓。人们吹起角笛，唱起牧歌，并随着旋律轻歌曼舞，欢乐的场面散发着浓浓的乡土气息。

关于这首曲子

奥地利首都维也纳的郊区有一片美丽的森林，它离城市不远，吸引着千千万万的游人。这片森林也是许多居住在维也纳的大作曲家们经常光顾的地方，森林的美景常常激起他们的灵感。这首曲子的作者小约翰·施特劳斯是地道的维也纳人，《维也纳森林的故事》就是他献给故乡的赞歌。

第264天

准爸爸说绕口令

准爸爸参与胎教的时间又到了。跟胎宝宝说说绕口令，帮助孕妈妈调节一下心情，也可以增加宝宝对语言的敏感。

风吹藤动铜铃动

东洞庭，西洞庭，
洞庭山上一条藤，
藤条顶上挂铜铃，
风吹藤动铜铃动，
风停藤定铜铃停。

小柳和小妞

路东住着刘小柳，
路南住着牛小妞。
刘小柳拿着大皮球，
牛小妞抱着大石榴。
刘小柳把大皮球送给牛小妞，
牛小妞把大石榴送给刘小柳。
牛小妞脸儿乐得像红皮球，
刘小柳笑得像开花的大石榴。

第265天

妈妈宝宝来填字

孕妈妈填好后给胎宝宝多念几遍，别忘了把这些成语的意思也解释给他听哦，他可是非常好学的宝宝呢。（参考答案见P164）

天	女	散				
大						不
地						惊
			市			
地						定
回						胜
春	色	撩		众	胜	天

智力题答案(P164题目)

第1题：德国人。

第2题：2只狼过河，1只狼回来，再2只狼过河，1只狼回来，然后2羊过河，1只狼1只羊回来，2只羊过河，1只狼回来，2只狼过河，1只狼回来，最后让2只狼过河，就好了。

第266天

孕妈妈读散文：《落花生》

今天，来读读许地山的落花生，对孕妈妈和宝宝的为人处世都是很好的熏陶呢！

我们屋后有半亩隙地。母亲说："让它荒芜着怪可惜，既然你们那么爱吃花生，就开辟来做花生园罢。"我们几姐弟和几个小丫头都很喜欢。买种的买种，动土的动土，灌园的灌园；过不了几个月，居然收获了！

妈妈说："今晚我们可以做一个收获节，也请你们爹爹来尝尝我们的新花生，如何？"我们都答应了。母亲把花生做成好几样的食品，还吩咐这节期要在园里的茅亭举行。

那晚上的天色不太好，可是爹爹也到来，实在很难得！爹爹说："你们爱吃花生么？"

我们都争着答应："爱！"

"谁能把花生的好处说出来？"

姐姐说："花生的气味很美。"

哥哥说："花生可以制油。"

我说："无论何等人都可以用贱价买它来吃；都喜欢吃它。这就是它的好处。"

爹爹说："花生的用处固然很多；但有一样是很可贵的。这小小的豆不像那好看的苹果、桃子、石榴，把它们的果实悬在枝上，鲜红嫩绿的颜色，令人一望而发生羡慕之心。他只把果子埋在地底，等到成熟，才容人把他挖出来。你们偶然看见一棵花生瑟缩地长在地上，不能立刻辨出他有没有果实，非得等到你接触他才能知道。"

我们都说："是的。"母亲也点点头。爹爹接下去说："所以你们要像花生，因为它是有用的，不是伟大、好看的东西。"我说："那么，人要做有用的人，不要做伟大、体面的人了。"爹爹说："这是我对于你们的希望。"

我们谈到夜阑才散，所有花生食品虽然没有了，然而父亲的话现在还印在我心上。

孕39周 皮脂开始消退了

宝宝的本领

本周内出生的胎宝宝就是足月儿了。现在小家伙的体重应该在3200～3400克。一般情况下，男孩比女孩略重一些。

这一周宝宝的身体各器官都发育完成，皮下脂肪还在继续增长，肺部是最后成熟的器官。

他的活动越来越少了，安静了许多，不过孕妈妈不要担心，这种现象的主要原因是宝宝的头部已经固定在骨盆中了，正在为分娩做最后的准备呢。

妈妈的变化

虽然这个时候宝宝安静了许多，但是以前不舒服的状况会更加明显，几乎所有的孕妈妈现在都会感到心情紧张不安，或因对分娩的焦虑，或因对分娩的期待。但是你能做的只有放松心情，然后要特别注意三个重要现象：宫缩、破水和见红。

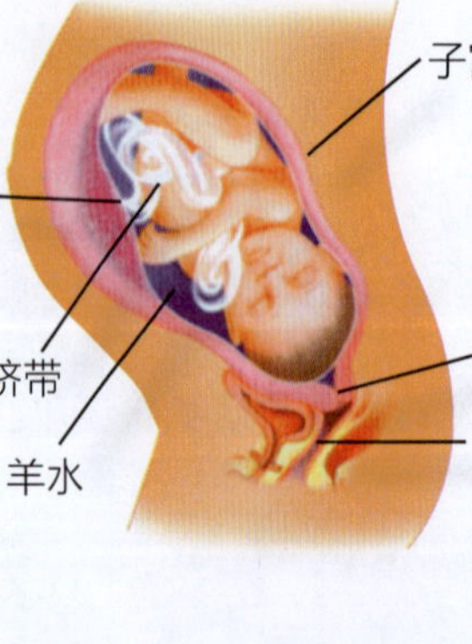

本周胎教要点

情绪胎教 孕妈妈可以通过了解分娩相关知识、听音乐、朗读等多种方式来分散注意力，缓解焦虑的心情。和宝宝见面的日子越是临近，就越应该调理好情绪，保持愉快。

语言胎教 经过这么长时间的接触，胎宝宝不但熟悉了孕妈妈的声音，对准爸爸那低沉浑厚的声音也有了深刻的印象。胎宝宝经常听父母对话或者和他聊天，出生后可能会成为一个口语表达、演讲及社交能力都不错的人呢！

营养胎教 分娩需要消耗很大的体力，孕妈妈一定要提前做好准备。如果是初次生产无高龄妊娠因素，准备自然分娩，则可准备易消化吸收、可口味鲜的食物，如面条排骨汤、面条鸡蛋汤、牛奶、酸奶、巧克力等食物。孕妈妈吃好，才会为分娩准备好足够的力气。

产科专家告诉你

分娩临近，准妈妈随时有可能破水、阵痛生产，应该避免独自外出或是远行，最好留在家中。适当的运动不可缺少，但一定不要过度，营养和睡眠必须充足。保持身体清洁，内衣裤应时常更换。若发生破水或出血等生产征兆，就不能再洗浴，所以在此之前最好每天洗浴。

第267天

名画欣赏：《向日葵》

梵·高是荷兰后印象派画家，是表现主义的先驱。

今天，孕妈妈来欣赏下梵·高的代表作《向日葵》吧！

梵高的《向日葵》是由绚丽的黄色色系组合而成，那浓烈的黄色调是光明和希望的象征。在画中，每朵花如燃烧的火焰一般，细碎的花瓣和葵叶如同火苗一样布满画面，让整幅画犹如燃遍画布的火焰，显出画家的生命激情。

孕妈妈快来试着感受作品带来的光明和希望吧！

第268~269天

营养胎教：促进宝宝大脑发育的营养菜

妊娠晚期是脑细胞分裂活跃的重要阶段，所以今天我们向准爸爸推荐两道为胎宝宝补脑的菜。

红烧带鱼

材料 净带鱼段400克，鸡蛋1个。

调料 葱段、姜片、蒜瓣、醋、料酒各10克，盐3克，淀粉、植物油各适量。

做法

1.带鱼洗净，用料酒和盐腌渍20分钟；鸡蛋磕入碗内打散，将带鱼裹匀蛋液，煎至两面金黄，捞出；将料酒、盐、醋、淀粉和适量清水调成味汁。

2.锅内留底油烧热，下姜片、蒜瓣爆香，倒入味汁，放带鱼段，烧开后改小火炖10分钟左右，汤汁浓稠时撒葱段即可出锅。

海鲜炖豆腐

材料 鲜虾仁100克，鱼肉片50克，嫩豆腐200克，青菜心100克。

调料 植物油、盐、葱、生姜各适量。

做法

1.将虾仁、鱼肉片洗净。青菜心择洗干净，切成段。豆腐切成小块。葱、生姜均洗净，切成末。

2.锅内倒油烧热，下葱姜末爆锅，再下入青菜叶稍炒，放入虾仁、鱼肉片、豆腐稍炖一会儿，加入盐调味即可食用。

第270~271天

胎教故事：《小绿灯》

小绿灯，是一只小萤火虫的名字。它会有什么故事呢？孕妈妈来给宝宝讲一讲吧。

天早黑了，萤火虫妈妈还不见小绿灯飞出来，就在草丛上飞来飞去，喊着“小绿灯，小绿灯!”这时，小绿灯藏在一片牵牛花的叶子下，声音抖抖地说：“我……怕……怕月亮笑话我!”

皎洁的月亮又圆又亮，挂在黑蓝黑蓝的天上。萤火虫妈妈很奇怪：“月亮为什么要笑话你?”小绿灯飞到妈妈身边说：“那还用说吗?我的小灯那么小，月亮却把半个地球都照亮了，月亮能不笑话我吗?”

小绿灯说话的声音很轻，可还是被月亮听见了。她微笑着说：“小绿灯，你真的很小，但你的光是自己发出来的呀!”小绿灯高兴了。他飞起来，仔细地瞧着自己点的小绿灯，对妈妈说：“可不，我的小灯虽然小，到底是自己发出的光啊!可不像月亮靠人家的光……”

萤火虫妈妈听了，皱起眉头：“孩子，刚才你瞧不起自己，是不对的；可现在，你怎么又瞧不起月亮了?”

小绿灯还是不服气：“月亮不是靠太阳才亮的吗?”萤火虫妈妈摇摇头，说：“孩子，你的小绿灯虽小，是自己发的光，你不必在月亮面前抬不起头;可月亮呢，虽然反射的是太阳的光，可她本身也发挥了‘反射’的作用啊!要是没有她，夜晚不也是一片漆黑吗?”小绿灯听着妈妈的话，越想越对，于是就同妈妈一起朝浓密的树林里飞去了。

皎洁的月亮照着小绿灯，小绿灯也向月亮闪着绿莹莹的光。

第272天

音乐胎教：《摇篮曲》

这首《摇篮曲》就像一首抒情诗，孕妈妈的肚子就是胎宝宝的摇篮，轻轻抚摸胎宝宝，伴随着优美的音乐入眠吧。

什么时间听

晚上，听着这个旋律，会让自己和宝宝都平静下来，想象宝宝在摇篮里恬然安睡的模样，是不是感到很甜蜜呢？

怎么听

勃拉姆斯创作的《摇篮曲》恬静、安详，表现了母亲的温柔和慈爱。这首摇篮曲与舒伯特的不同，伴奏部分没有像它一样模仿摇篮的摇动，而是描绘一种夜色朦胧的景象。听这首曲子我们好像看到了一个年轻慈爱的母亲在月色朦胧的夜晚，轻声地在摇篮前吟唱。

关于这首曲子

这首常用于小提琴独奏的《摇篮曲》，原是一首通俗歌曲，作于1868年。原曲歌词为“安睡安睡，乖乖在这里睡，小床满插玫瑰，香风吹入梦里，蚊蝇寂无声，宝宝睡得甜蜜，愿你舒舒服服睡到太阳升起。”相传作者为祝贺法柏夫人次子的出生，作了这首平易可亲、感情真挚的摇篮曲送给她。法柏夫人是维也纳著名的歌唱家，原名叫贝尔塔。1859年勃拉姆斯在汉堡时，曾听过她演唱的一首鲍曼的圆舞曲，当时勃拉姆斯深深地被她优美的歌声所感动，但由于种种原因，他俩未能结合，贝尔塔与他人结了婚。当他们第二个孩子出世时，勃拉姆斯就作了这首曲子送给他们。他用那首圆舞曲的曲调，加以切分音的变化，作为这首《摇篮曲》的伴奏，仿佛是母亲在轻拍着宝宝入睡。

第273天

妈妈宝宝爱动脑：智力测试

今天孕妈妈又该动动脑子了，运用你的聪明智慧来分析下面的智力题，锻炼自己大脑的同时还可以让胎宝宝更加聪明。（参考答案见P193）

1.下面28个字中隐藏着一道智力题，请用一条线将这28个字串起来，如果串对了，读出这道题，并回答。

方	方	正	一	条	边	要
大	一	正	每	你	只	三
厅	椅	子	整	说	怎	样
共	有	八	只	应	该	放

2.有三个人去住旅馆，住三间房，每一间房10美元，于是他们一共付给老板30美元， 第二天，老板觉得三间房只需要25美元就够了，于是叫小弟退回5美元给三位客人，谁知小弟贪心，只退回每人1美元，自己偷偷拿了2美元，这样一来便等于那三位客人每人各花了9美元，于是三个人一共花了27美元，再加上小弟独吞了2美元，总共是29美元。可是当初他们三个人一共付出30美元，那么还有1美元呢？

3.一群人开舞会，每人头上都戴着一顶帽子。帽子只有黑白两种，黑的至少有一顶。每个人都能看到其他人帽子的颜色，却看不到自己的。主持人先让大家看看别人头上戴的是什么帽子，然后关灯，如果有人认为自己戴的是黑帽子，就打自己一个耳光。第一次关灯，没有声音。于是再开灯，大家再看一遍，关灯时仍然鸦雀无声。一直到第三次关灯，才有劈劈啪啪打耳光的声音响起。问有多少人戴着黑帽子？

歇后语答案（P107题目）

1.——顾了这头丢那头；此起彼落
2.——别扭
3.——尽是老调；老调子
4.——两面光
5.——原形毕露
6.——有备无患
7.——手到擒来
8.——金不换
9.——高才（裁）
10.——大势所趋
11.——苦中作乐
12.——礼轻情义重

孕40周 妈妈，我们随时都可能见面了

宝宝的本领

本周胎宝宝的肺、心、肝、肾脏等器官已全部形成，身体上的皱纹也已消失，变成了淡红色的胖乎乎的胎宝宝了。

他的骨头变硬，指甲也长到超出手指尖，胎脂在后背、屁股、关节等处已达稍许可以看到的程度。这时的胎宝宝已经可以在母体外独立生活了。

此外，胎宝宝的头部已进入了母体的骨盆中，身体的位置稍有下降，胎动比以前更加减少。

大多数的胎宝宝都将在这一周降生，但真正能在预产日期出生的只有5%，提前3周或推迟2周都是正常的。若胎宝宝早于37周为早产，超过预产期2周以上为过期产，以上均应尽量避免。

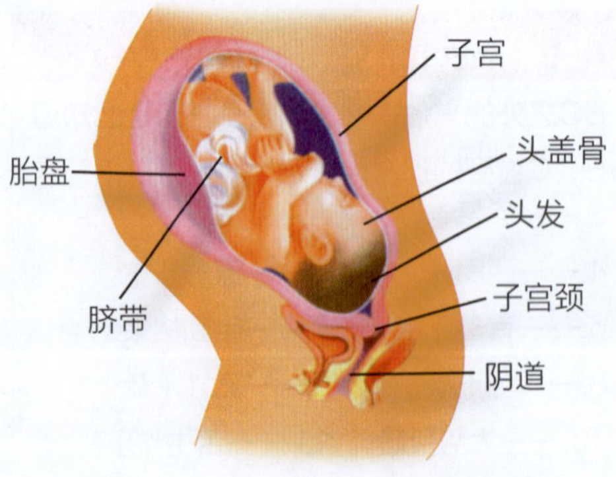

妈妈的变化

孕妈妈正高高兴兴地准备迎接宝宝的到来呢。

本周胎教要点

营养胎教 临产的孕妈妈摄入的营养，既要满足自身生命活动的消耗，又要为胎宝宝提供必需的养分，还要为子宫收缩提供大量的能量。所以孕妈妈在这段时间必须进食富含高能量、易消化的食物以满足分娩中营养的需求，比如面条汤、蔬菜粥等。

音乐胎教 胎宝宝的听觉功能已经基本发育完成，此时，孕妈妈应该给胎宝宝倾听各种各样的声音，可以根据不同的情况选取不同的音乐，例如早晨起床或做家务时可以听轻快的音乐，忧郁时不妨先听一会儿略显悲伤的音乐，然后再听高兴的音乐。

产科专家告诉你

因为巧克力营养丰富，含有大量的优质碳水化合物，而且能在很短时间内被人体消化、吸收和利用，产生大量的热能，供人体消耗；另外，它体积小，发热多，吃起来方便而且可口。因此产妇临产时吃几块巧克力，可增加能量，保证分娩顺利进行。

第274~276天

腹式呼吸法

胎宝宝现在个头很大了，腹中的空间对于他来说已经有些狭窄，此时，孕妈妈可以采用腹式呼吸法来给胎宝宝运送新鲜空气。

腹式呼吸法可以在任何地点进行，当准妈妈感到疲劳时，可坐在椅子上，挺直脊背进行深呼吸。姿势要正确，脊背挺直，紧贴椅背，双膝和地面成90度角，全身放松，双手放在腹上，想象胎宝宝目前正在一个宽广的空间，然后用鼻子吸气，直到腹部鼓起为止。吐气时稍微将嘴撅起，慢慢用力地将体内空气尽量吐出，吐气时要比吸气更为缓慢且用力。

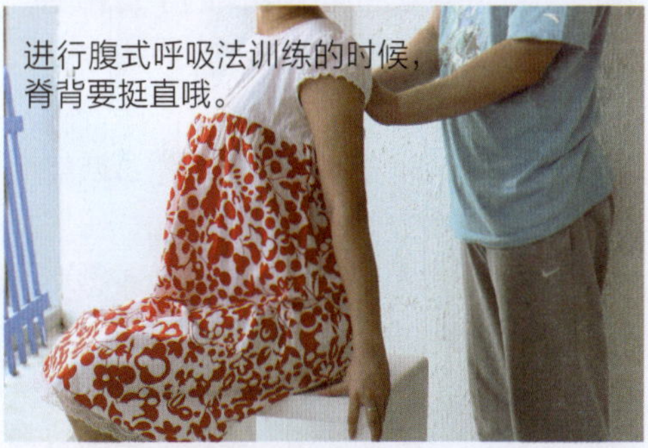
进行腹式呼吸法训练的时候，脊背要挺直哦。

温馨提示

- 要多练习几次，每天可以做三次以上，要持之以恒。早上起床前、中午休息时、晚上睡觉前各做一次，尽量放松全身。以平静的心态练习，可以达到事半功倍的效果。

智力题2答案(P219题目)

第1题答案

四个角各放一只，四条边中间各放一只就可以了。

第2题答案

27+2=29这个算式法是没有意义的。对客人来说房费是25+2=27元，客人付出的也是27元，每人取回1美元，一共正好是27+3=30美元。小弟独吞的2元也在27元当中。

第3题答案

三个人戴黑帽子。如果只有一顶，那第一次关灯时就会有人打耳光，如果两顶，第二次关灯时就会有人打耳光，如果三顶，假设A、B、C三人戴的，A第一次没打耳光，因为他看到B、C都是戴黑帽子的，而且假设自己戴的是白帽子，这样只有BC戴的是黑帽子；按照只有两个人带黑帽子的推论，第二次应该有人打耳光，可第二次却没有。于是他知道B和C一定看到了除BC之外的其他人带了黑帽子，于是他知道B、C看到的那个人一定是他，所以第三次有三个人打了自己一个耳光。

第 277 天

了解新生宝宝的神奇本领

真的要和宝宝见面了！现在你的胎宝宝已经具有很多了不起的本事了，为了适应出生后的环境，新生宝宝能展现出一些神奇的条件反射，这可以让他从容地应对外界刺激呢，今天我们就来了解一下吧。

吮吸反射：当奶头、手指或其他物体碰到宝宝的嘴唇，他会立即做出吃奶的动作。这是一种食物性无条件反射，即吃奶的本能。

觅食反射：如果你用手指轻轻碰宝宝的面颊，宝宝会把头转向手指并把小嘴张开。

怀抱反射：宝宝被抱起时，他会本能地紧紧靠贴着你。

抓握反射：用手指碰宝宝的掌心，宝宝会立即紧紧握住手指，如果你试图拿走，宝宝会越抓越紧，甚至可以使自己的身体悬挂起来。

眨眼反射：物体或气流刺激睫毛、眼皮或眼角时，宝宝会做出眨眼动作。这是一种防御本能，可以保护眼睛。

惊跳反射：突如其来的噪声刺激，或者被猛烈地放到床上，宝宝会立即把双臂伸直，张开手指，弓起背，头向后仰，双腿挺直。

击剑反射：宝宝仰卧时，把他的头转向一侧，小宝贝会立即伸出该侧的手臂和腿，屈起对侧的手臂和腿，做出击剑的姿势。据说这是人类进化过程中自我防护的本能表现。

迈步反射：扶着宝宝的两肋，把他的小脚放在平面上，他会做出迈步动作，两腿协调地交替，就像走路一样。

游泳反射：让宝宝俯卧在床上，托住他的肚子，他会抬头、伸腿，做出游泳姿势。如果俯伏在水里，他会本能地抬起头，同时做出协调的游泳动作。

蜷缩反射：新生宝宝的脚背碰到平面边缘时，会做出像小猫那样的蜷缩动作。

巴宾斯基反射：用手指由新生宝宝脚跟部轻轻向前划至足掌外侧，宝宝的表现是拇趾背屈，其余四趾呈扇形张开。

巴布金反射：如果单手或双手的手掌被压住，新生宝宝会转头张嘴，当手掌上的压力放松时，宝宝就会张开嘴巴，像打呵欠一样。

第278天

音乐胎教：《高山流水》

《高山流水》琴声典雅，韵味隽永，旋律富于变化，描绘出一幅山与水的美丽画面，是适合孕妈妈用来作胎教的佳作。

什么时间听

空闲的时间，如果孕妈妈想要缓解一下压力，让自己的心情愉快起来，可以听这首曲子。

怎么听

《高山流水》是一首古代琴曲，源于“伯牙鼓琴遇知音”的典故，这首曲子充分利用多种指法描绘了流水的各种形态，抒发了对于流水的喜爱之情。全曲共有十个段落，引子部分的旋律时隐时现，犹如见流水于高山之巅，云雾缭绕，飘忽不定。接下来的水声潺潺淙淙，清清凌凌，悉心倾听，愉悦之情油然而生。一会儿，水声演变成如歌的旋律，韵律悠悠扬扬，如同行云流水一般。忽然，旋律出现变化，起伏跌宕，惊心动魄，犹如流水澎湃的声音。渐渐地，恢复了如歌的旋律，充满着热情。最后部分，颂歌般的旋律富于激情，结尾如水滴般柔和，让人回味无穷。

关于这首曲子

《高山流水》最先出自《列子·汤问》，传说伯牙善鼓琴，钟子期善听音。伯牙所想，钟子期必然能够了解。伯牙鼓琴而志在高山，钟子期会说：“真好啊，就像泰山一样巍峨。”伯牙鼓琴而志在流水，钟子期又说：“真好啊，就像江河一样浩荡。”钟子期死后，伯牙破琴绝弦，终生不再鼓琴，认为世上已经没有可以让自己为之鼓琴的人了。后来，人们就用“高山流水”比喻知己。

第 279 ~ 280 天

宝宝如期而至

恭喜你，正式做妈妈了！看到他（她）那么聪明漂亮，你一定是全世界最幸福、最骄傲的女人。现在就来留下宝宝可爱的照片和小脚印，展示给全世界吧。

姓名：

出生时间：

星座：

体重：

身长：